MERIAN *live!*

Valencia
Costa Blanca

Susanne Lipps verfasste Reiseführer über Sevilla, Andalusien und Katalonien und leitet Studienreisen nach Spanien.
Oliver Breda schreibt ebenfalls Reiseführer und ist als Reiseleiter tätig.

Familientipps
Diese Unterkünfte haben behindertengerechte Zimmer
Ziele in der Umgebung

Preise für ein Doppelzimmer mit Frühstück:

€€€€ ab 130 €   €€ ab 60 €
€€€ ab 90 €   € bis 60 €

Preise für ein dreigängiges Menü ohne Getränke:

€€€€ ab 50 €   €€ ab 15 €
€€€ ab 30 €   € bis 15 €

Inhalt

Willkommen in Valencia und an der Costa Blanca 4

MERIAN-TopTen
Höhepunkte, die Sie sich nicht entgehen lassen sollten 6

MERIAN-Tipps
Tipps, die Ihnen die unbekannten Seiten der Region zeigen 8

Zu Gast in Valencia und an der Costa Blanca 10

Übernachten 12
Essen und Trinken 14
grüner reisen 16
Einkaufen 20
Feste und Events 22
Sport und Strände 24
Familientipps 28

◄ Vom Cap de La Nau (► S. 77) reicht der
Blick an klaren Tagen bis nach Ibiza.

Unterwegs in Valencia und an der Costa Blanca 30

Valencia (València) 32
Im Fokus – Paella und mehr 54
Die Costa del Azahar 56
Die Costa Blanca 64

Costa del
Azahar

Valencia

Costa
Blanca

Touren und Ausflüge 86

Auf großer Entdeckungstour durch den Maestrat 88
Per Bahn entlang der weißen Küste 90
Eine Schifffahrt zur Isla de Tabarca 92

Wissenswertes über Valencia und die Costa Blanca 94

Auf einen Blick 96
Geschichte 98
Sprachführer Spanisch 100
Kulinarisches Lexikon 102
Reisepraktisches von A–Z 104

Kartenlegende 111
Kartenatlas 112
Kartenregister 120
Orts- und Sachregister 124
Impressum 128

✳ Karten und Pläne

Valencia .... Klappe vorne
Die ostspanische Küste .. Klappe hinten
Metroplan Valencia 45
Alicante 67
Elche 81

Maestrat 89
Kartenatlas 112–119

Die Koordinaten im Text verweisen auf die
Karten, z. B. ► S. 116, C 9.

Extra-Karte zum Herausnehmen .... Klappe hinten

Willkommen in Valencia und an der Costa Blanca. Die Trendmetropole wartet mit spektakulärer Architektur auf, die weißen Sandstrände versprechen Erholung.

Breite Verkehrsschneisen, gesichtslose Wohnviertel – so präsentiert sich Valencia auf der Fahrt ins Zentrum. Und das soll eine der spannendsten Städte Spaniens sein? Die mit Riesenschritten aus dem langen Schatten von Madrid und Barcelona heraustritt? Erst im historischen Kern, in den Parks und an den Avenidas entfaltet sich der volle Zauber von Valencia – hier dafür umso mehr. Lange verstanden es die hiesigen Kaufleute, mit dem lukrativen Mittelmeerhandel Vermögen anzuhäufen. Ihre mächtigen Paläste reihen sich in den engen Altstadtgassen und legen beredtes Zeugnis davon ab. Mit einem Achselzucken quittierten die Valencianos die Eröffnung von Santiago Calatravas futuristischer Ciutat de les Arts i les Ciències. Weder beunruhigt es sie, wie diese Wissenschaftsstadt das gewohnte Stadtbild veränderte, noch brüsten sie sich mit dem Prestigeprojekt, das in ganz Spanien seinesgleichen sucht. Man weiß, was man hat, ohne es an die große Glocke zu hängen.

Typisch spanisch?

Valencia ist eine junge, modebewusste Stadt, der großen Universität sei es gedankt. In vielen alten Palästen logieren heute Designerstores, Spezialitätenrestaurants, Cafés und

◄ Als Treffpunkt sehr beliebt: Auf der schönen Plaza de la Virgen (► S. 34) in Valencia geht es immer lebhaft zu.

Pubs. Auf der Plaza de la Virgen verabreden sich die Studenten abends zu einem »agua de Valencia«, einem feurigen Mix aus Cava, Orange und ein paar geheimen Zutaten – Auftakt für eine lange Nacht. Wobei es nicht so temperamentvoll zugeht wie anderswo in Spanien. Vom katalanischsprachigen Valencia heißt es, die Menschen dort seien in sich gekehrt und naturverbunden. Immerhin aber schenkte die Stadt dem Land sein Nationalgericht – die Paella. Am Wochenende fahren ganze Familien fein herausgeputzt ans Meer oder aufs Land, um die Pfanne der Superlative zu verspeisen. Über Stunden hinweg zelebrieren sie dieses Ereignis. Die Paella ist Kult und um einiges üppiger als früher. Denn ursprünglich bereiteten die Fischer an der Küste und die Landarbeiter in der Huerta, Valencias »Speckgürtel«, sie mit dem wenigen zu, das sie hatten: Reis, Meeresfrüchte, Kaninchen, Safran. Welche kulinarischen Möglichkeiten sich heute bieten, ist eine Erfahrung für alle Sinne beim Gang durch die zentrale Markthalle von Valencia mit ihrem überbordenden, mediterranen Angebot.

Eine Stadt im Ausnahmezustand

Und dann wären da noch die Fallas, das Fest aller Feste. Eine Woche lang im März steht das Alltagsleben still. In den Straßen fackeln die Valencianos riesige Pappmaschee-Figuren ab, um den Winter zu vertreiben, wobei die einzelnen Stadtteile um die originellste Figur wetteifern.

Mancher aufgeklärte Zeitgenosse erklärt das Fest zum Rückfall in das dunkle Mittelalter und hält sich fern. Die Mehrheit aber geht spielerisch mit der Vergangenheit um und genießt es in vollen Zügen, sich zu diesem Anlass in pompöse Kostüme aus Valencias »goldenem Zeitalter« zu kleiden. Also doch »typisch spanisch«?

Sonnenstunden ohne Ende

Mit dem »drittbesten Klima der Welt« wirbt die Costa Blanca. Das ist eher untertrieben. Die Sommer sind warm, aber nicht zu heiß – und abkühlen kann man sich ja schließlich im Meer. In den Ferien füllen sich die berühmten, feinsandig-weißen Strände mit spanischen Badeurlaubern. Sie überbrücken die flimmernde Hitze der Mittagsstunden mit einer Siesta und machen die Nacht zum Tage. Hochburg dieses Lebensgefühls ist die legendäre Ferienstadt Benidorm. Im Frühjahr und Herbst kommen Gäste aus nördlicheren Gefilden, die es ruhiger angehen lassen. Für viele ist dies die schönste Zeit an der Costa Blanca, die sich nun in einem klaren Licht zeigt, ungetrübt vom sommerlichen Dunst. Auch hier feiern die Bewohner die Feste, wie sie fallen. Vielerorts liefern sie sich, als »Mauren« oder »Christen« verkleidet, symbolische Schlachten, um an die Reconquista zu erinnern. Dabei gewinnt ein gewisser Hang zum Theatralischen die Oberhand, wie er eher den Andalusiern nachgesagt wird. Kein Wunder – schließlich geht ja die Costa Blanca Richtung Süden auch fließend in die Nachbarregion über. Vielleicht bleibt ja Zeit für einen Abstecher?

MERIAN-TopTen
MERIAN zeigt Ihnen die Höhepunkte der Region: Das sollten Sie sich bei Ihrem Besuch in Valencia und an der Costa Blanca nicht entgehen lassen.

 Catedral, Valencia
In der Kathedrale von Valencia wird ein gläserner Kelch aufbewahrt, von dem die Legende erzählt, es sei der Heilige Gral (▶ S. 34).

 Ciutat de les Arts i les Ciències (CAC), Valencia
Moderne Architektur von Santiago Calatrava konzentriert sich im Kulturpark am Stadtrand (▶ S. 34).

 Mercado Central, Valencia
Die Tische der Markthändler sind voll von mediterranen Köstlichkeiten (▶ S. 38).

 Coves de Sant Josep
Die Bootsfahrt auf einem unterirdischen Fluss ist ein beeindruckendes Erlebnis (▶ S. 51).

 Castillo de Peñíscola
Die mächtige Burg ist das Wahrzeichen der Costa del Azahar (▶ S. 59).

 Explanada de España, Alicante
Palmen spenden Schatten auf der Meerespromenade. Für Flair sorgen die promenierenden Alicantiner (▶ S. 66).

 Terra Mítica bei Benidorm
Der größte Vergnügungspark Europas – mit zeitgemäßen Attraktionen in antikem Ambiente – steht bei Benidorm (▸ S. 69).

 Penyal d'Ifac bei Calpe
Der markante Felsblock ragt bei Calpe senkrecht aus dem Meer. Sein Gipfel kann von Wanderern erklommen werden (▸ S. 77).

 Huerto del Cura, Elche
Rund 200 000 Dattelpalmen umgeben die Altstadt von Elche wie einen Gürtel (▸ S. 80).

 Salzlagunen von Torrevieja
Hinter Torrevieja erstrecken sich zwei riesige Salzseen: ein Refugium zahlreicher rosafarbener Flamingos (▸ S. 85).

MERIAN-Tipps Mit MERIAN mehr erleben.
Nehmen Sie teil am Leben der Region und entdecken Sie Valencia und die Costa Blanca, wie es nur Einheimische kennen.

 »Tapeo« in Alicante
Eine Tapastour durch die Bars von Alicante, dem Urspungsort der beliebten kleinen Happen, gilt als Geheimtipp (▶ S. 15).

 Ballonfahrt ab Bocairent
Wer sich traut, erlebt auf der Fahrt eine ganz andere Costa Blanca mit tollem Panorama (▶ S. 25).

 Flanieren am Meer, Valencia
Die Sonne genießen kann man bei einem Spaziergang auf der Meerespromenade Paseo Marítimo (▶ S. 36).

 Hotel Ad Hoc Monumental, Valencia
In einem stilvoll renovierten Stadtpalast kann man in Valencia übernachten (▶ S. 44).

 Rastro del Mestalla, Valencia
Auf dem Flohmarkt mit seinem fröhlichen Treiben findet jeder sein persönliches Souvenir (▶ S. 46).

 Shoppingparadies Valencia
Zahlreiche spanische und internationale Modedesigner sind in Valencia vertreten (▶ S. 48).

 Ausflug in den Naturpark L'Albufera
Beste Möglichkeit, das riesige Feuchtgebiet nahe Valencia kennenzulernen (▸ S. 51).

 Licor Carmelitano, Benicàssim
Karmelitermönche stellen bei Benicàssim einen aromatischen Kräuterlikör her (▸ S. 59).

 Wein aus Monóvar
Spanischer Wein muss nicht immer aus Rioja stammen. Auch in Monóvar gibt es edle Tropfen zu kosten (▸ S. 68).

 Stiertreiben Bous a la Mar, Denia
Bei dem harmlosen Treiben auf dem Hafenkai von Denia landen Teilnehmer und Stiere gemeinsam im Wasser (▸ S. 76).

Das Nachtleben in Valencia spielt sich vor allem im Barrio del Carmen (▶ S. 49) ab. In der Calle de Caballeros reiht sich ein Trendlokal an das andere.

Zu Gast in **Valencia und an der Costa Blanca**

Shoppen, Schlemmen, Schwimmen, Staunen –
ein Urlaub an der Costa Blanca hat viele Facetten.
Kulturelle Highlights bieten Valencia und Alicante.

Übernachten
Stilvolle Adelspaläste und rustikale Landgüter sind empfehlenswerte Alternativen zum Strandhotel. Aber auch in den Ferienorten gibt es familiär geführte, ansprechende Unterkünfte.

◄ Das Hospes Amérigo in Alicante (► S. 67) gehört zu den exklusivsten Adressen an der Costa Blanca.

In Valencia wohnt es sich besonders stilvoll in renovierten Altstadtpalästen. Auch die Strandorte sind reichlich mit Hotels für die verschiedensten Ansprüche bestückt. Im Landesinneren locken schöne Unterkünfte in umgebauten Fincas.

Buchbar sind die meisten Hotels für jeden gewünschten Zeitraum sowohl mit als auch ohne Fluganreise über Reiseveranstalter und zahlreiche Online-Reservierungsportale.

Unterkünfte der einfachen Kategorien heißen **Pensión** bzw. **Hostal** oder sind als Hotels mit einem oder zwei Sternen ausgezeichnet. Sie sind vielfach familiär geführt und haben manchmal ein besonderes Flair.

Hotels der **Drei-Sterne-Kategorie** verfügen stets über ein hauseigenes Restaurant, und bei Ferienhotels an der Küste ist meist auch ein Pool vorhanden. Mehr Komfort in Bezug auf Restaurant, Zimmer und andere Hoteleinrichtungen bieten Quartiere mit vier Sternen. **Luxushotels** schließlich, mit fünf Sternen ausgestattet, lassen kaum Wünsche offen. Oft sind ihnen mehrere Themenrestaurants sowie ein Fitness- und Spa-Bereich angeschlossen.

Innerhalb der einzelnen Kategorien variieren die Preise stark, die Lage hat einen erheblichen Einfluss auf den Preis. In der Hauptsaison, also um Ostern und im Juli/August, werden teilweise weit über 100 % mehr verlangt als in der Nebensaison. In **Stadthotels** gibt es am Wochenende häufig Preisnachlässe. Viele Ferienhotels an der Küste schließen von Oktober bis März.

Das Frühstück

In Valencia und anderen Städten ist es üblich, das Hotelzimmer ohne Verpflegung zu buchen. Vor Ort fällt dann die Entscheidung, ob man am Frühstücksbuffet (wird ab drei Sternen meist angeboten) teilnehmen möchte oder in einer Bar nebenan Kaffee und belegte Brötchen bestellt. Halb- oder Vollpension sind in Stadthotels nicht üblich. Viele verfügen aber über ein À-la-carte-Restaurant. Hingegen können die meisten Ferienhotels mit Frühstück oder Halbpension gebucht werden.

»paradores« und »casas rurales«

Eine Besonderheit sind die »**paradores**«. Diese staatlichen Hotels bieten traditionell einen sehr guten und gediegenen Standard. Meist liegen sie in landschaftlich reizvoller Umgebung und stechen auch durch architektonische Schönheit hervor, da sie oft in bedeutsamen Gebäuden wie Klöstern, Burgen oder Schlössern untergebracht sind. Buchung über Reisebüros oder unter www.parador.es.

Im Rahmen des Programms »Ländlicher Tourismus« (»turismo rural«) wurden im Landesinneren Bauernhöfe und Landgüter restauriert und als Unterkünfte ausgebaut. Die »**casas rurales**« sind im Internet z. B. unter www.guiarural.com oder www.toprural.com zu buchen.

Empfehlenswerte Hotels und andere Unterkünfte finden Sie bei den Orten im Kapitel ► **Unterwegs in Valencia und an der Costa Blanca.**

Preise für ein Doppelzimmer mit Frühstück:

€€€€ ab 130 €	€€ ab 60 €
€€€ ab 90 €	€ bis 60 €

Essen und Trinken
Reisgerichte in allen Variationen und fangfrischer Fisch bestimmen die Küche an der Küste. Im Hinterland steht oft Wild auf der Speisekarte. Dazu mundet der trockene Landwein der Costa Blanca.

◂ Tapas (▶ MERIAN-Tipp, S. 15), kleine Appetithäppchen, werden in den spanischen Bars zu Wein oder Bier gereicht.

Vielfältige Einflüsse prägen die Küche Valencias und der Costa Blanca. Die Mauren führten Reis, Safran und Zitrusfrüchte aus Nordafrika ein. In den Hafenstädten hinterließen Seefahrer aus aller Herren Länder ihre Spuren. Die einfachen Fischer begnügten sich meist mit einem schlichten **Fischeintopf** oder einer **Fischsuppe** und einem Stück Brot. Im Landesinneren war die Küche immer bäuerlich. Bis heute kochen die Hausfrauen dort **Eintöpfe** (»ollas« und »pucheros«). Solcherlei deftige Spezialitäten findet man in einfachen, ländlichen Lokalen. In den »besseren« Restaurants an der Küste pflegen oft baskische oder galicische Köche, die in Spanien einen guten Ruf genießen, eine gehobene Küche. Avantgardistische Tendenzen trifft man am ehesten in Valencia und Alicante an.

Regionale Zutaten

In der Region Valencia soll es für jeden Tag im Jahr ein anderes Reisgericht geben. **Reis** (»arroz«) wird entweder im Topf (»olla«) zubereitet, im Ofen gegart (»al horno«) oder in einer flachen Reispfanne (»paella«) gebraten.

Die Artenvielfalt der Meeresfauna ist groß. **Sardinen** fehlen selten auf einer Speisekarte. Auch recht häufig sind **Seehecht** (»merluza«), **Thunfisch** (»atún«), **Rotbarbe** (»salmonete«) sowie **Tintenfisch** (»calamares«). Ein altes Seefahrergericht ist »bacalao« (Stockfisch).

Im Meer bei Valencia und Denia kommt eine Gamba-Art vor, die sehr begehrt ist, ebenso wie die **Langostinos** und **Gambas** von Vinaròs und Guardamar del Segura.

Im Hinterland der Costa Blanca findet man auf den Speisekarten zahlreiche **Wildspezialitäten**. Darüber hinaus werden Lamm, Schwein und Huhn gegessen.

Die **Zitrusfrüchte** und **Mandeln** der Region um Valencia werden für Nachspeisen und Sorbets verwendet. In Elche sollte man unbedingt die süßen **Datteln** probieren.

Bei Valencia und im Hinterland der Costa Blanca wachsen hervorragende **Weine**. Die Herkunftsbezeichnung »D.O.« (denominación de origen) bürgt für qualifizierte Qualität.

MERIAN-Tipp

»TAPEO« IN ALICANTE
▶ S. 116, C 12

Die kultigen spanischen Häppchen sollen ihren Ursprung in Alicante haben. Nicht von ungefähr gilt die Stadt daher als Geheimtipp für Tapas. Es ist schick, von Bar zu Bar zu ziehen und sich durch die kleinen Köstlichkeiten zu probieren. Am besten startet man eine solche gastronomische Tour (»tapeo«) in den Gassen rund um das Rathaus. Auch in den anderen Städten der Region Valencia sind Tapas selbstverständlich überall zu bekommen.

Empfehlenswerte Restaurants finden Sie bei den Orten im Kapitel ▶ Unterwegs in Valencia und an der Costa Blanca.

Preise für ein dreigängiges Menü:
€€€€ ab 50 €   €€ ab 15 €
€€€ ab 30 €   € bis 15 €

grüner
reisen

Wer zu Hause umweltbewusst lebt, möchte dies vielleicht auch im Urlaub tun. Mit unseren Empfehlungen im Kapitel grüner reisen wollen wir Ihnen helfen, Ihre »grünen« Ideale an Ihrem Urlaubsort zu verwirklichen und Menschen zu unterstützen, denen ein verantwortungsvoller Umgang mit der Natur am Herzen liegt.

Das Bewusstsein wächst

Die Landwirtschaft als bedeutendstes wirtschaftliches Standbein der Region Valencia erfuhr in den letzten zwei Jahrzehnten dank EU-Hilfen einen enormen Aufschwung, wurde allerdings auch industrialisiert. Der Umwelt tat diese Entwicklung nicht immer gut. Doch seit dem Jahr 2000 hat die biologische Produktion überproportional zugenommen. Noch ist davon auf dem einheimischen Markt relativ wenig zu bemerken. Rund 80 % der Erzeugnisse werden ins Ausland exportiert. Aber speziell im katalanischen Sprachraum ist das Interesse groß. So manche »Herboristería« (Reformhaus) entwickelte sich schon zum Naturkostladen. Und wer hätte gedacht, dass ausgerechnet die Hochhausstadt Benidorm die beste Ökobilanz aller spanischen Urlaubsorte vorweisen kann? Wasser und Energie werden hier besonders effizient eingesetzt, der Pro-Kopf-Verbrauch ist geringer als anderswo. Auch verkehrstechnisch hat Benidorm die Nase vorn. Dank der engen Bebauung sind alle Wege gut zu Fuß zu bewältigen. Das Umland blieb von ausufernder Bautätigkeit verschont. Eine Kläranlage sorgt mit moderner Technik für sauberes Wasser an den Stränden.

grüner reisen 17

ÜBERNACHTEN

La Noria del Cabriel ▸ S. 114, A 7/8

Der ländliche Tourismus liegt in Spanien voll im Trend. La Noria del Cabriel, ein nettes kleines Ökohotel, liegt idyllisch in einem Naturschutzgebiet bei Requena und ist dort in eine ehemalige Dorfschule eingezogen. José Joaquín Cerdán, ein erfahrener Hotelier, möchte mit diesem Projekt neue, ökologischere Wege beschreiten und zugleich die Entwicklung seiner Heimatregion fördern. Das Gebäude verfügt über ein perfektes Bioklima, denn es wurde einst ausschließlich aus natürlichen Baumaterialien errichtet. Die Zimmer gruppieren sich um einen Patio, außerdem stehen den Gästen Bar und Sonnenterrasse zur Verfügung. In die Restaurantküche wandert die Ernte aus dem biologisch bewirtschafteten Hausgarten. Zusätzlich finden ökologische Produkte der Region Verwendung, etwa der berühmte Honig aus Ayora.
Casas del Río, C. Requena 9 • Tel. 962 30 34 09 • www.casarural. nom.es • 9 Zimmer • €

Venus Albir ▸ S. 117, E 11

Das zertifizierte Ökohotel an der Küste unterliegt der Kontrolle des Komitees für ökologische Landwirtschaft der Region Valencia (CAECV) in Zusammenarbeit mit dem österreichischen Verband der Bio-Hotels. Beim Bau wurden umweltverträgliche Materialien verwendet. Sonnenenergie erwärmt das Duschwasser, für die Bewässerung der Außenanlagen wird der winterliche Regen in einer Zisterne gesammelt. Die Apartments sind für zwei bis drei Personen ausgelegt und verfügen über eine vollständig eingerichtete Küche. Aber auch ein Restaurant ist angeschlossen, in dem mediterran ge-

kocht wird – selbstverständlich mit Bioprodukten von Fincas aus der Umgebung und auf Wunsch auch vegetarisch oder vegan.
Albir, Plaza Venus 7 • Tel. 966 86 48 20 • www.raycons.com/ venusalbir • 24 Zimmer • €

ESSEN UND TRINKEN

Món Orxata ▸ Klappe vorne, e 5

Der Sommerdrink schlechthin in Valencia ist Horchata (Erdmandelmilch). Aus biologisch erzeugten Erdmandeln bereitet schmeckt sie in dieser trendigen Bar im Mercado de Colón (▸ S. 48) besonders gut. Die Organisation Món Orxata wurde 2003 von einer Gruppe junger, ambitionierter Leute gegründet, um den traditionellen Anbau von Erdmandeln in der Huerta de Valencia wiederzubeleben. Sie bewogen Kleinbauern zum Weitermachen, die ihre Äcker schon aufgegeben hatten und an große Agrarbetriebe oder Bauspekulanten verkaufen wollten. Wie in alten Zeiten spannen die Landwirte jetzt wieder ihr Pferd vor den Pflug, betreiben Fruchtwechsel, um der Bodenermüdung vorzubeugen, und verzichten auf Kunstdünger und Pestizide. Bei der Erdmandel (span. »chufa«) handelt es sich um die Knolle eines Zypergrases. Biologisch hat sie mit einer Mandel nichts zu tun, nur ihr Geschmack erinnert daran. Horchata ist laktosefrei und daher bei Milchunverträglichkeit eine gute Alternative. Wer dennoch absolut keinen Gefallen an dieser valencianischen Spezialität findet, kann im Món Orxata auch Fruchtsäfte, Kakao oder Eis bestellen. Getränkewagen von Món Orxata stehen übrigens an vielen Stellen in Valencia, etwa auf der Plaça de Ajuntament oder in der Ciutat de les Arts i les Ciències. Die von ihnen ausgeschenkte Horcha-

ta wird jeden Morgen in einer kleinen Fabrik in Alboraia, mitten im Hauptanbaugebiet nördlich von Valencia, frisch zubereitet. Via Internet vertreibt Món Orxata das Erdmandelpulver, aus dem jeder zu Hause die Milch nach verschiedenen Rezepten selbst mixen kann, erfolgreich in ganz Spanien.
Valencia, C. Jorge Juan (Mercado de Colón) • U-Bahn: Colón (e 5) • Tel. 961 86 15 61 • www.monorxata.com • tgl. 8.30–22 Uhr • €

EINKAUFEN

Alhama   ▸ S. 117, E 11

Schon ein Klassiker unter den Bioläden an der Costa Blanca ist das gut sortierte Geschäft von Ingo Fries am Rand der Altstadt von Altea, das ständig über 2500 biologisch erzeugte Artikel vorrätig hat. Außer Obst, Gemüse, Milchprodukten und Brot gibt es auch allerlei Samen, Gewürze, Honig, Tee, Kaffee und eine ganze Reihe von Fertigprodukten. Neu im Sortiment ist Naturkosmetik. Die Firma unterhält auch den Stand »Agricultura Ecologica« auf dem Mercadillo (Wochenmarkt), der in Altea jeden Dienstag stattfindet, und ist am ersten Oktoberwochenende auf der alternativen Messe EcoAltea (www.ecoaltea.org) in der Veranstaltungshalle Palau Altea vertreten.
Altea, Ctra. Callosa 21 • Tel. 965 84 70 10 • www.alhama.eu

Bodegas Vegalfaro   ▸ S. 114, A 6

Unweit westlich von Requena liegt die Winzerei inmitten der eigenen Weinberge. Besucher können je nach Jahreszeit die gesamte Herstellung von der Pflege der Rebstöcke über die Ernte bis hin zum Kelterprozess verfolgen. Anschließend wird zur Probe verschiedener Qualitäten geladen. Das Familienunternehmen hat sich den respektvollen Umgang mit der Umwelt zur Aufgabe gemacht. Auf jeder Parzelle der Finca stehen genau diejenigen Rebsorten, die an Bodenverhältnisse und Kleinklima am besten angepasst sind. Der Anbau kommt ohne Herbizide aus, gedüngt wird nur organisch und nach Möglichkeit mit eigenem Kompost. In der Kellerei selbst sind Abfallvermeidung und sparsamer Einsatz von Energie selbstverständlich. Was dabei herauskommt, kann sich sehen lassen. Der Schwerpunkt liegt auf der Herstellung von Rotwein (5 Sorten). Zwei Sorten Weißwein, ein Rosé und ein Cava (Schaumwein) ergänzen das Angebot.
El Derramador, Ctra. El Pontón a Utiel, km 3 • Tel. 962 32 06 80 • www.vegalfaro.com • Mo–Fr 9–14, 16–19 Uhr, am Wochenende nur nach Vereinbarung

J. Navarro Herbolario
▸ Klappe vorne, c 5

Das seit dem 18. Jh. existierende Traditionsunternehmen hat die Zeichen der Zeit erkannt. Von einer reinen »Herboristería« (Reformhaus), wo Diätlebensmittel, Kräuter und Tees verkauft wurden, entwickelte sich der Laden zu einem geräumigen Bio-Supermarkt, mit einem riesigen Angebot an Nahrungsmitteln, Getränken und Körperpflegeprodukten. Sogar mehrere hauseigene Marken sind im Angebot, etwa »Terra Verda« oder »Bio Cesta«. Unter dem Namen »Terra Verda« firmieren inzwischen auch elf Filialen des Bioladens in den Provinzen Valencia und Alicante, z. B. in Gandía.
Valencia, C. Arzobispo Mayoral 20 • U-Bahn: Xàtiva (c 6) • Tel. 963 52 28 51 • www.terraverda.com • Mo–Fr 9–20.15, Sa 9.30–20.15 Uhr

Beliebter Energiespender: Die köstliche Erdmandelmilch »Horchata«, die in der Bar Món Orxata (▶ S. 17) serviert wird, soll sogar leistungssteigernd sein.

AKTIVITÄTEN
Mit dem Rad in und um Valencia

Kaum irgendwo in Spanien findet man so gute Bedingungen für diese umweltfreundliche Art der Fortbewegung wie in Valencia. Das Radwegenetz ist sowohl in der Altstadt als auch in den Außenbezirken hervorragend ausgebaut. Wer ins Umland fahren möchte, sollte sich mit gutem Kartenmaterial ausrüsten. Es gibt jede Menge ruhiger Nebenstraßen, die durch reizvolle Teile der Huerta führen, der flachen, landwirtschaftlich genutzten Zone, die Valencia als Gürtel umgibt. Ein lohnendes Ziel ist der Naturpark L'Albufera (▶ MERIAN-Tipp, S. 51). Nach El Palmar, wo Bootsfahrten durch diese amphibische Landschaft angeboten werden, radelt man von Valencia aus ca. 20 km durch Reisfelder und Orangenplantagen. Kürzer (ca. 5 km) ist die Fahrt nach Alboraia (▶ S. 115, D 7) im Norden der Stadt, dem Erdmandel-Anbaugebiet (s. o.). Dort werden in dem alten Gutshof Alquería El Machistre (Partida de Masmardá 51, Mi–So 16–20 Uhr, Eintritt 9 €) Gerätschaften für die Produktion der Horchata gezeigt, und man darf die Erdmandelmilch auch probieren.

DoYouBike ▶ Klappe vorne, c 3

Professionelle Verleihfirma mit großer Auswahl an gut gewarteten Rädern. Auch Zubehör wird vermietet, z. B. Helme. Auf Wunsch wird man mit Karten und Routenvorschlägen versorgt. Außerdem ist die Teilnahme an geführten Touren möglich.
Valencia, Pl. Marqués de Busianos 4 • U-Bahn: Pont de Fusta (d 1) • Tel. 963 15 55 51 • www.doyoubike.com • tgl. 10.30–13.30, 17–20 Uhr

Einkaufen
Valencia punktet mit den Stores der spanischen Modedesigner, aber auch mit alteingesessenen Fachgeschäften und einem lebendigen Markt. Kunsthandwerk wird noch vielerorts an der Costa Blanca hergestellt.

◄ Einkaufen unter der Jugendstilkuppel: Mit großem Angebot wartet der Mercado Central (▸ S. 38) in Valencia auf.

Valencia konkurriert immer erfolgreicher mit dem großen »Nachbarn« Barcelona um die Gunst der Shopping-Urlauber. Alle bekannten spanischen Modedesigner betreiben hier einen oder mehrere Stores, die Preise sind vor allem im hochwertigen Segment vergleichsweise günstig. Das Kunsthandwerk in der Region Valencia hat eine lange Tradition. Viele der angebotenen Souvenirs sind geschmackvoll.

Von den Mauren inspiriert

In Valencia und auch in Alicante lohnt es sich, nach alteingesessenen Fachgeschäften Ausschau zu halten, die wunderschöne Fächer, Tücher, Kastagnetten, klassischen spanischen Schmuck und handgearbeitete Hüte bereithalten. Auf maurische Vorbilder geht die **Keramik** zurück. Teller, Schüsseln und Vasen sind oft mit bunten Pflanzenmotiven großzügig bemalt. Manises, ein Vorort von Valencia, war früher für seine Keramik weit über die Stadtgrenzen hinaus bekannt. Von Hand gefertigte Fliesen und andere Tonwaren aus Manises sind in Valencia noch hier und da auf Märkten zu finden. In Agost werden bis heute **traditionelle Tonwaren** handwerklich hergestellt. Typisch sind breite Wasserkrüge (»botijos«). Sie halten das Wasser lange Zeit frisch und wurden früher gern auf Reisen mitgeführt. Handgearbeitete **Häkeldecken** gibt es in großer Auswahl in Guadalest zu kaufen. Flechtarbeiten ersteht man am besten in Gata de Gorgos, wo Geflochtenes aus **Weidenruten**,

Espartogras und **Binsen** in Handarbeit gefertigt wird. Ein besonders originelles Produkt ist der Sombrero. Als Mitbringsel sind auch verschiedene kulinarische Produkte der Region beliebt. Hochburg der **Feinkostgeschäfte** ist Morella. Dort werden Schinken, Würste, Käse und Liköre aus dem Maestrat verkauft. Viele Franzosen, aber auch Spanier aus anderen Regionen reisen eigens an, um **Trüffel** in Morella zu erstehen. Im Maestrat gibt es sowohl die dunklen Périgord-Trüffel als auch die weißen Sommertrüffel.

In den **Markthallen** der großen Städte findet man eine riesige Auswahl an **Oliven, Kapern** und **Essiggemüse** vor. Kapern erwirbt man am besten in Alicante und Valencia. Die empfindlichen Blütenknospen werden an der Costa Blanca ab Mai geerntet, zwei Monate in Salzlake und anschließend noch in Weinessig eingelegt. Sie kommen übrigens nicht direkt als Gewürz in die Speisen, sondern werden zu den Gerichten gereicht, sodass sich jeder nach Geschmack bedienen kann. Gleiches gilt für das überall an der Costa Blanca beliebte, **pikante Essiggemüse** (Gurken, Paprika, Blumenkohl, Möhren u. a.). **Salz** aus den Salinen von Torrevieja kommt meist noch feucht in den Handel, die Würzkraft ist also verhältnismäßig gering. Grobes Salz (»sal gorda«) wird zum Backen von Fisch in der Salzkruste benötigt. Viele Gerichte werden aber auch erst vor dem Servieren damit überstreut.

Empfehlenswerte Geschäfte und Märkte finden Sie bei den Orten im Kapitel ▸ **Unterwegs in Valencia und an der Costa Blanca.**

Feste und Events
Bei den flammenden Spektakeln in Valencia und Alicante wird ausgelassen gefeiert. Mittelalterliche Wurzeln haben das Mysterienspiel von Elche und die »Schlachten« zwischen Christen und Mauren.

◀ An den jährlich stattfindenden »Fallas« (▶ S. 23) werden fantasievolle Pappmascheefiguren durch Valencia getragen.

JANUAR
Reyes, Alcoi
Am Vorabend des Dreikönigsfestes zieht durch Alcoi die Cabalgata de los Reyes Magos, der älteste Umzug dieser Art in Spanien.
5. Januar

MÄRZ
Fallas, Valencia
Höhepunkt aller Festlichkeiten in Valencia sind die »Fallas« (Fackeln) rund um Sankt Joseph. Mehr als 300 große Figuren aus Holz und Pappmaschee, an denen die Stadtbewohner mit ungeheurem Aufwand gebastelt haben, gehen in Flammen auf, um das Ende des Winters zu feiern. Nur die schönste bleibt erhalten und wandert ins Museo Fallero (▶ S. 42).
19. März

APRIL
Semana Santa
Mit großem Aufwand wird die Karwoche in vielen Orten an der Costa Blanca begangen. Täglich finden Prozessionen statt, die wichtigste wird am Karfreitag abgehalten.
Karwoche

JUNI
Fogueres de Sant Joan, Alicante
Kunstvoll gestaltete Pappmaschee-Figuren mit satirischem Hintergrund werden in den Straßen von Alicante aufgebaut. Zum Ausklang des Johannisfests geht in der Nacht vom 24. zum 25. Juni die ganze Pracht in Flammen auf.
21.–24. Juni

JULI
Moros y Cristianos, Villajoyosa
Eine der interessantesten »Schlachten« zwischen Christen und Mauren, wie man sie häufig an der Costa Blanca inszeniert, wird in Villajoyosa zu Ehren der Stadtheiligen Santa Marta geschlagen. Sie erinnert an die erfolgreiche Abwehr von 34 türkischen Piratenschiffen im Jahre 1538.
24.–31. Juli

AUGUST
Misteri d'Elx
Die UNESCO erklärte das »Misteri d'Elx« (Misterio de Elche), ein sakrales mittelalterliches Mysterienspiel, zum Weltkulturerbe. Der von Harfe und Gitarre begleitete Sprechgesang der Laiendarsteller erinnert an orientalische Musik. Wesentlich mehr Interessenten, als die Kirche fassen kann, finden sich jedes Jahr ein, um das Spektakel zu erleben. Man sollte daher schon mehrere Stunden vor Beginn kommen oder aber man bucht online einen Platz bei einer der Generalproben.
15. August, Generalproben ca.
11.–13. August • Basílica de Santa María, Elche • www.misteridelx.com

Certamen Internacional de Habaneras y Polifonía, Torrevieja
Vortrag nostalgischer Seemannslieder. Sie stammen ursprünglich aus Kuba, wohin früher die Salzschiffe aus Torrevieja starteten.
Mitte August

DEZEMBER
Rey Moro, Agost
An die Reconquista erinnert ein von traditionellen Musikinstrumenten begleiteter Tanz.
26.–31. Dezember

Sport und Strände
Die Costa Blanca ist ein Eldorado für Wassersportler und Anhänger von Fun-Sportarten. Zahlreiche Plätze ziehen Golfer an, Wanderer schätzen felsige Küstenabschnitte und das Hinterland.

◀ Segeltörn mit Aussicht: Der 332 Meter hohe Penyal d'Ifac (▶ S. 77) vor Calpe steht unter Naturschutz.

An der Costa Blanca zwischen Valencia und Torrevieja gibt es rund 30 Golfplätze, die großenteils zahlende Gäste willkommen heißen. Damit ist das Gebiet eine der bedeutendsten Golfdestinationen Europas. Für den **Jachtsport** bieten sich zwischen Benicarló und Torrevieja rund 20 Marinas an. In einigen werden Segeljachten verchartert. **Taucher** finden gute Reviere an den felsigen Küstenabschnitten rund um das Cap Sant Antoni/Cap de la Nau und das Cabo de Palos sowie bei den vorgelagerten Inseln. Schöne **Wanderungen** lassen sich in den Salzsümpfen an der Küste und den Gebirgszügen im Hinterland, die häufig als Naturparks ausgewiesen sind, unternehmen.
Kilometerlange, breite und feinsandige **Strände** charakterisieren große Teile der Costa Blanca sowie der nördlich angrenzenden Costa del Azahar.

GOLF

Eine Adressliste der in der Region befindlichen Golfplätze verschicken die spanischen Touristeninformationsbüros. Eine Auswahl:

Club de Golf El Bosque
▶ S. 114, C 7

Chiva–Valencia • Crt. Godelleta, km 4,1 • Tel. 961 80 41 42 • www.elbosquegolf.com

Club de Golf Oliva Nova
▶ S. 117, D 9

Oliva–Valencia • Tel. 962 85 76 66 • http://golfolivanova.com

MERIAN-Tipp

BALLONFAHRT AB BOCAIRENT
▶ S. 116, B 10

Das mittelalterlich anmutende Bocairent ist der vielleicht meistfotografierte Ort im Land Valencia. Die Fahrt mit dem Ballon des Veranstalters Totglobo bietet Gelegenheit, den Ort und die schroffen Bergzüge der Sierra de Mariola von oben zu betrachten. Zwischen zwei und sieben Personen müssen für das einstündige Abenteuer zusammenkommen, das in den frühen Morgenstunden beginnt. Im Preis (pro Person ca. 175 €) sind ein Glas Sekt nach der Landung, ein typisches Mittagessen und eine Urkunde über die »Lufttaufe« enthalten.
Bocairent, Els Clots s/n • Tel. 629 61 18 89 • www.totglobo.com

Panorámica Golf & Country Club
▶ S. 113, D 2

Sant Jordi (bei Vinaròs) • Tel. 964 49 30 72 • www.panoramicaclubdegolf.com

RADFAHREN

In vielen Städten und Ferienorten gibt es Fahrrad-Verleihfirmen. Adressen nennen die örtlichen Touristeninformationen.

Fit for biking
▶ S. 117, E 10

In Els Poblets bei Denia betreibt Familie Hofner aus der Schweiz das Sporthotel Los Caballos. Veranstaltet werden Radtouren unterschiedlicher Schwierigkeitsgrade (Light, Trekking, MTB). Außerdem Ver-

leih, Reparatur und Verkauf von Rädern.
Els Poblets, Buscarrons Norte 30 • Tel. 966 47 51 77 • www.fitforbiking.com

REITEN

Club Hípico Torrevieja – Centro Ecuestre Internacional

▶ S. 119, E 14

Unterricht in klassischem und Westernreiten, Ausritte.
Crt. Torrevieja–Crevillente, km 3,3 • Tel. 966 78 63 02

Centro Hípico Rancho de la Fuente ▶ S. 119, E 15

Pferdeverleih, Reitkurse, Ausritte.
Los Belones (Mar Menor), Av. de la Fuente • Tel. 968 13 72 39

Los Caballos ▶ S. 117, E 10

Das Sporthotel von Familie Hofner (▶ Radfahren, S. 25) ist vor allem auch Reiterhof. Im Angebot sind Ausbildung und Ausritte für Anfänger wie auch Fortgeschrittene.
Els Poblets, Buscarrons Norte 30 • Tel. 966 47 51 77 • www.ferienoase.com

SEGELN

Costa Blanca Sea Charter

Jachten ohne Skipper. Stationen in den Marinas von Alicante, Altea, Denia und Villajoyosa.
Tel. 619 92 09 68 • www.cbscharter.com

TAUCHEN

Club Poseidon ▶ S. 117, D 11

Gut ausgerüstete Tauchbasis an der Playa de Poniente, Tauchboot und Shop, familiäre Atmosphäre, Kurse in deutscher Sprache.
Benidorm, C. Santander – Edif.

Sylvia • Tel. 965 85 32 27 • www.xpress.es/poseidon

Pascalmar Diving

▶ S. 117, E/F 9–11

Pascal Kolb erteilt rund um das Cap de la Nau deutschsprachigen PADI-Unterricht. Kleine Gruppen, individuelle Kursplanung.
Tel. 690 05 25 76 • www.pascalmar.com

WANDERN

Informationsmaterialien zu Wanderrouten halten die Touristeninformationen und die Besucherzentren der Naturparks bereit. Besonders lohnende Wandergebiete sind der Maestrat, die Sierra de Safor, Sierra de Aitana und andere Gebirgszüge im Hinterland des Cap de la Nau. Wer mit Einheimischen wandern möchte, kann sich von Herbst bis Frühjahr ab Alicante/Benidorm geführten Touren der Initiative »Senderismo Alicante« (www.senderismoalicante.com) anschließen. Anmeldung: Tel. 629 35 26 77.

WIND- UND KITESURFEN

Olivasurf ▶ S. 117, D 9

Oliva, C. Roger de Lauria 55 • Tel. 962 85 54 98 • www.olivasurf.com

Windsurfing Center Dénia

▶ S. 117, E 10

Ctra. de Les Marines a Dénia, Camí del Bassot 2 • Tel. 965 75 53 07 • www.windcenterdenia.com

STRÄNDE

Calas am Cap de la Nau

▶ S. 117, F 10

Das Cap de la Nau trennt die Buchten von Alicante und Valencia. Zerklüftete Steilküste wechselt hier mit

Sport und Strände 27

Abenteuerliche Wanderungen mit spektakulären Ausblicken versprechen die Gebirgszüge im Hinterland des Cap de la Nau (▶ S. 77).

idyllischen Badebuchten ab. Besonders schön ist die Cala Moraig. An der Playa de Ambolo ist FKK erlaubt.

Les Dunes de Guardamar
▶ S. 119, E 13

Viele unberührte Strandabschnitte auf insgesamt 15 km Länge südlich von Guardamar.

Playa de Poniente/Playa de Levante ▶ S. 117, D 11

Nach wie vor zählen die breiten, halbmondförmigen Sandstrände von Benidorm trotz Hochhauskulisse zu den schönsten der Costa Blanca. Belebter ist die Playa de Levante, ruhiger geht es an der Playa de Poniente zu.

Playa Les Marines ▶ S. 117, E 10

Der feinsandige, 2,5 km lange Strand nordwestlich von Denia verfügt über alle Einrichtungen. Für FKK ausgewiesen ist ein Teil der Playa Les Rotes, südöstlich von Denia in einer verschwiegenen Felsbucht gelegen und nur zu Fuß erreichbar.

Familientipps
Abseits der Sandstrände begeistern Aquaparks und exotische Tiere die Kleinen. Publikumsmagneten sind der größte Vergnügungspark Europas und ein gigantischer Meerwasserzoo.

◄ Feuchtes Vergnügen: 27 verschiedene Wasserrutschen sorgen für Badespaß im Aqualandia (► S. 29) in Benidorm.

Aqualandia ► S. 117, D/E 11

Wasserpark mit riesigem Spaßangebot. Mehrere Wasserrutschen-Systeme (Kamikaze, Zig-Zag u. a.). Benidorm, Playa de Levante, Rincón de Loix (nahe Landstraße N-332) • www.aqualandia.net • Mitte Mai–Anf. Okt. tgl. 10–19 Uhr • Eintritt 27 €, Kinder von 3–12 Jahren 20 €

Aquopolis ► S. 119, E 14

Wasser-Vergnügungspark mit zahlreichen Attraktionen. Kostenloser Zubringerbus von La Mata und Torrevieja (Busbahnhof). Torrevieja, Av. Delfina Vindes 99 • www.aquopolis.es • Juni–Mitte Sept. 11–18 Uhr (Mitte Juli–Aug. 11–19 Uhr) • Eintritt 20,95 €, Kinder 15,95 €

Bioparc Valencia
► Klappe vorne, nordwestl. a 1

Im 2008 eröffneten Park kann man exotische Tiere in einem naturnahen Umfeld erleben. Valencia, Av. Pío Baroja 3 • U-Bahn: Nou d'Octubre • www.bioparc valencia.es • tgl. ab 10 Uhr, Schließung je nach Jahreszeit zwischen 17 und 21 Uhr • Eintritt 21,50 €, Kinder 16 €

Jardín del Papagayo ► S. 113, D 2

Vogelpark in tropischer Umgebung. Regelmäßige Papageienshows. Zwischen Peñíscola und Benicarló, Camino del Término (nahe Nationalstraße N-340) • www.jardindel papagayo.com • Sommer 11–20.30, sonst 11 Uhr–Sonnenuntergang • Eintritt 11,70 €, Kinder 8,50 €

L'Oceano
► S. 35

Parque d

Goldfisch
großen See im Zentrum des valencianischen Parks. Mit Tretbootverleih und Kinderspielplatz. Valencia, Av. Pío Baroja • U-Bahn: Nou d'Octubre

Río Safari Elche ► S. 119, E 13

Safaripark im Palmengarten. Bei der Rundfahrt mit dem Zug bekommt man Nashörner, Antilopen, Giraffen und Zebras zu sehen. Außerdem Vogelgehege, Krokodilfarm und Tiershows. Crt. Sta. Pola–Elche, km 4 • www.riosafari.com • tgl. 10.30–18 Uhr (im Sommer 10.30–20 Uhr) • Eintritt 20 €, Kinder 15 €

Terra Mítica
► S. 69

Trenet Turístic ► S. 113, D 2

Bunte Minizüge verkehren in und um Peñíscola. Die kommentierten Rundfahrten dauern 25 bis 50 Minuten. Je nach Route geht es durch die Stadt, an der Felsküste entlang oder auf die umliegenden Hügel mit Panoramablick. Die Züge starten in den Sommermonaten vormittags zwischen 11 und 13 Uhr und dann wieder in den Abendstunden ab 18 Uhr. Im Winter kein Betrieb. Attracciones Medina S.L. • Peñíscola, Av. Papa Luna 4 • www.trenturistic. com

👫 Weitere Familientipps sind durch dieses Symbol gekennzeichnet.

Die futuristische Ciutat de les Arts i les Ciències (▶ S. 34) in Valencia wurde von Stararchitekt Santiago Calatrava im ehemaligen Flussbett des Rio Turía errichtet.

Unterwegs in **Valencia und an der Costa Blanca**

Voll im Trend als Ziel für einen Citytrip liegt Valencia, Spaniens drittgrößte Stadt. Die Costa Blanca punktet mit Sandstränden und Felsbuchten.

Valencia (València)
Prachtvolle Bauten aus der großen Zeit des Seidenhandels prägen die Stadt der Paella. Das moderne Valencia präsentiert sich als lebendige Metropole mit vielen Vergnügungsmöglichkeiten.

◀ Wie eine katalanische Hallenkirche mutet Valencias Lonja de la Seda (▶ S. 38), die Seidenbörse, an.

Valencia (València)

▶ S. 115, D 7

815 000 Einwohner
Stadtplan ▶ Klappe vorne
Metroplan ▶ S. 45

Als Metropole der gleichnamigen Region ist Valencia zugleich die mit Abstand größte Stadt an der Costa Blanca mit einem bedeutenden Hafen. Was die Zahl der Einwohner betrifft, steht sie spanienweit hinter Madrid und Barcelona an dritter Stelle. So darf man einiges erwarten, was Sehenswürdigkeiten und Unterhaltung anbelangt.

Im Mittelalter herrschten die Mauren über die Stadt. Das arabische Erbe spiegelt sich noch in den verwinkelten Gassen der Altstadt wider. Ihre große Zeit erlebte die Stadt Valencia gegen Ende des 15. Jh., dem Höhepunkt der Seidenraupenzucht. Seide wurde in alle Welt gehandelt, Grundlage für einen nie wieder erreichten Wohlstand, der sich bis heute durch prachtvolle Baudenkmäler aus dieser Zeit ausdrückt.

Valencia wurde bislang weder vom Massentourismus noch von der Schickeria erobert. In den schmalen Einkaufs- und Wohnstraßen der Innenstadt spürt man noch das Flair des »alten« Spaniens. Dennoch gibt sich Valencia auch modern. Szene-Restaurants und Designer-Bars gehören hier ebenso zum Stadtbild wie in jeder anderen europäischen Metropole. Vor allem aber manifestiert sich das dritte Jahrtausend im futuristischen Kunst- und Wissenschaftskomplex im Süden der Stadt. Noch ein Tipp: Zwar gewähren die Stadthotels am Wochenende deutliche Preisnachlässe. Doch dies nicht ohne Grund, denn am Samstag werden spätestens gegen Mittag die Bürgersteige hochgeklappt. Die Valencianer fahren ans Meer oder in die Berge, und erst am Montag kehrt wieder Leben in die Stadt ein.

SEHENSWERTES

Almudín
▶ Klappe vorne, d 2

Nach der Reconquista ab dem 14. Jh. anstelle einer zerstörten maurischen Festung errichtet, zeugt die ehemalige Getreidelagerhalle bis heute vom enormen wirtschaftlichen Aufschwung Valencias im ausgehenden Mittelalter. Die Fassade wirkt wehrhaft. Im Inneren hingegen fühlt man sich an eine römische Basilika erinnert. Volkstümliche Wandmalereien zeigen, wie der Getreidehandel vonstatten ging. Heute finden im Almudín Wechselausstellungen statt.

Pl. San Luis Bertrán s/n • U-Bahn: Pont de Fusta (d 1) • Di–Sa 10–14 und 16.30–20.30, So/Feiertag 10–15 Uhr • Eintritt frei

Atarazanas del Grao
▶ Klappe vorne, östl. f 5

Ein frühes Industriedenkmal ist die mittelalterliche königliche Werft (14. Jh.) im Hafenviertel Grao (Grau). Das aus fünf parallelen Hal-

len mit gotischen Spitzbögen zusammengesetzte Gebäude diente nicht nur dem Schiffsbau, sondern auch als Lager für Waffen und nautisches Gerät. Römische Werften dürften als Vorbilder Pate gestanden haben. Heute finden hier Ausstellungen statt.
Pl. Juan Antonio Benlliure • U-Bahn: Grau

Baños árabes del Almirante
▶ Klappe vorne, d 3

Die arabischen Bäder im Untergeschoss des gotischen Palacio del Almirante entstanden vielleicht erst in der christlichen Epoche (Anfang 14. Jh.), entsprechen aber mit ihren drei Sälen, die unterschiedlich temperiert werden konnten, ziemlich genau maurischen Vorbildern. Im 19. Jh. verloren sie ihre Funktion und wurden 1986 restauriert.
C. Almirante 3 • U-Bahn: Colón (e 5) • Di–Sa 9.30–14, 17.30–20, So/Fei 9.30–14 Uhr, Einlass halbstdl. für max. 15 Personen • Eintritt frei

Basilíca de la Virgen de los Desamparados ▶ Klappe vorne, d 2

Die Barockkirche aus dem 17. Jh. ist durch einen Steinbogen mit der Rückseite der Kathedrale verbunden. Sie birgt im Hauptaltar eine Madonna aus dem Jahr 1416 – die »Beschützerin der Obdachlosen«. Die ziegelgedeckte Kuppel ist mit sehenswerten Fresken ausgemalt.
Pl. de la Virgen • U-Bahn: Pont de Fusta (d 1) • www.basilicadesamparados.org • tgl. 7–14 und 16–21 Uhr

Catedral 1 ▶ Klappe vorne, c/d 3

Die Kathedrale wurde im 13. Jh. über den Resten einer arabischen Moschee errichtet und mehrfach umgebaut. Stilrein blieb der gotische Turm **El Micalet**, das Wahrzeichen von Valencia. Vor dem »**Apostelportal**« an der Plaza de la Virgen tagt seit dem Mittelalter jeden Donnerstag um 12 Uhr das **Wassergericht** (»Tribunal de las Aguas«), um Streitigkeiten um die Bewässerung in der Huerta von Valencia zu schlichten. Heute ist es fast nur noch Touristenattraktion. Im Inneren der Kathedrale wird im ehemaligen Kapitelsaal (14. Jh.) der »Cáliz« aufbewahrt, ein Kelch, den Jesus Christus beim letzten Abendmahl benutzt haben soll und der auch als »Santo Grial« (»Heiliger Gral«) bezeichnet wird. Im 15. Jh. gelangte der grüne, mit Perlen und Edelsteinen besetzte Kelch aus einem Pyrenäenkloster nach Valencia.
Ein Teil der Kathedrale ist stets für Messen und Andachten reserviert. Alle anderen Bereiche des Gotteshauses können individuell mit Audioguide (auch auf Deutsch) besichtigt werden, auch das **Museo Catedralicio Diocesano**, das Kunst der Romanik, Gotik, Renaissance und des Barock zeigt. Der ebenfalls hier ausgestellte Kirchenschatz umfasst Silber- und Goldschmiedearbeiten aus sechs Jahrhunderten.
Pl. de la Reina • U-Bahn: Pont de Fusta (d 1) • www.catedraldevalencia.es • Mitte März–Okt. Mo–Sa 10–18.30, So/Feiertag 14–18.30, Nov.–Mitte März Mo–Sa 10–17.30 Uhr • Eintritt 4 €, Kinder 2,70 €

Ciutat de les Arts i les Ciències (CAC) 2
▶ Klappe vorne, südöstl. f 6

Valencias Aushängeschild ist die futuristische Kunst- und Wissenschaftsstadt, die um die Jahrtau-

Blick in die im 14. Jahrhundert errichtete, achteckige Kuppel der Kathedrale von Valencia (▶ S. 34). Die Maßwerkfenster sind ein typisches Stilmittel der Gotik.

sendwende im Südosten der Stadt entstand. Im seit Jahrzehnten trockengelegten Bett des Riu Túria wurde ein 2 km langer Park mit Wasserflächen und Grünanlagen geschaffen, in den fünf Meisterwerke des spanischen Stararchitekten Santiago Calatrava eingebettet sind. **L'Umbracle** (»das Schattenhaus«), unter dessen eleganten Bögen Palmen gedeihen, dient als Eingangspromenade in die Ciutat, solange die **Agora**, eine schmetterlingsförmige Halle, noch nicht fertiggestellt ist. Auch der **Palau de les Arts**, Valencias neues Opernhaus, gleicht einem gewaltigen Insekt. Biologische Formen sind für Calatravas skulpturalen Stil nicht ungewöhnlich und passen hier natürlich auch zum Thema. Das **Museu de les Ciències Príncipe Felipe**, ein Spaniens Thronfolger gewidmetes Wissenschaftsmuseum, erinnert von außen an das Skelett eines riesigen Tieres. Innen zeigt es Ausstellungen zu Themen wie Biologie, Ökologie, Astronomie oder Kommunikationswissenschaften, veranstaltet Workshops für Kinder und Erwachsene und vieles mehr. **L'Hemisfèric**, ein Planetarium und Kino mit 900 qm großer, gewölbter Leinwand, hat die Form eines Auges. Während der Vorstellungen blinzelt es nach draußen, danach schließen sich die »Lider«. Zu sehen sind hier vorwiegend Filme zu wissenschaftlichen Themen in spanischer Sprache sowie Lasershows. Nicht Calatrava, sondern Félix Candela entwarf den Publikumsmagneten **L'Oceanogràfic**, einen gigantischen Meerwasserzoo, der in Aquarien Meerestiere verschiedener Klimazonen vom Eismeer bis zu den tropischen Ozeanen zeigt, aber auch Delfine, Seelöwen, Pinguine und andere Seevögel. Eine zusätzliche

VALENCIA (VALÈNCIA)

> **MERIAN-Tipp**
>
> **FLANIEREN AM MEER**
> ▶ S. 115, E 7
>
> Palmen, Blumenbeete und nostalgische Straßenlaternen säumen Valencias Meerespromenade, den Paseo Marítimo. Im Sommer vergnügen sich die Einheimischen an den angrenzenden Stränden, der Playa de las Arenas und der Playa de Malvarrosa. In den übrigen Jahreszeiten genießen sie vor allem am Sonntag die Sonne und eine frische Brise bei einem Spaziergang auf der gepflegten Flaniermeile, die das etwas landeinwärts gelegene Valencia dem Mittelmeer nahe bringt. Oder sie nutzen den Radweg der die Promenade auf ihrer gesamten Länge begleitet. Nach Süden geht der Paseo Marítimo am Jachthafen in den Paseo Neptuno über, den zahlreiche Fischrestaurants und Cafés säumen, die am Wochenende stets gut besucht sind.
> Valencia • U-Bahn: Neptú

Attraktion ist das Unterwasser-Restaurant, wo die Gäste inmitten eines riesigen Aquariums speisen.
Av. del Saler • U-Bahn: Alameda (f 3) • www.cac.es • Conjunta (gültig für den gesamten Komplex und für bis zu 3 Tage) 31,60 €, Kinder 24 €
– Museu de les Ciències Príncipe Felipe: Mitte Sept.–Juni tgl. 10–19, Juli–Mitte Sept. tgl. 10–21 Uhr • Eintritt 7,50 €, Kinder 5,80 €
– L'Hemisfèric je nach Programm geöffnet • Eintritt 7,50 €, Kinder 5,80 €
– L'Oceanogràfic: tgl. 10–18 Uhr • Eintritt 23,90 €, Kinder 18 €

Estación del Norte
▶ Klappe vorne, c 6

Um die Wende vom 19. zum 20. Jh. erfuhr Valencia ein starkes Bevölkerungswachstum. Zugleich wuchs der Wohlstand des Bürgertums, das überall in der Stadt Wohn- und Geschäftshäuser im zeitgemäßen Stil des Modernisme errichtete, der katalanischen Variante des Jugendstils. Ein schönes Beispiel für diese Stilrichtung ist der »Nordbahnhof« von 1917, seinem Namen zum Trotz am Südrand der damaligen Stadt gelegen. Stolz ließen die Ratsherren gleich in mehrfacher Ausführung das Wappen Valencias an der repräsentativen Estación del Norte anbringen. Im Inneren ist die Bahnhofshalle reich mit bunten Fliesen aus Werkstätten in Valencias Vorort Manises dekoriert. Sie bilden die landwirtschaftlichen Güter der Umgebung ab, mit denen die Exporthäuser in der Stadt ihr Geld verdienten: Orangen und Safran.
C. Xàtiva • U-Bahn: Xàtiva (c 6)

Iglesia de San Juan del Hospital
▶ Klappe vorne, d 3

Zu den ältesten Gotteshäusern der Stadt zählt dieses architektonische Kleinod. König Jaume I. überließ dem Johanniterorden das Grundstück dafür unmittelbar nach der Rückeroberung Valencias von den Mauren im Jahr 1238 zum Dank für militärische Hilfe. Große Teile des Baus entstanden in den Jahrzehnten danach. Den idyllischen Vorhof schmücken Keramiken mit Darstellungen der Kreuzwegstationen. Erst kürzlich entdeckte, gotische Fresken in den Seitenkapellen des Kirchenschiffs warten auf die Restaurierung.
C. Trinquete de Caballeros 5 • U-Bahn:

Valencia (València)

Die Plaza de la Virgen mit dem Apostelportal an der Rückseite der Kathedrale (▶ S. 34): Der unvollendet gebliebene Turm El Micalet gilt als das Wahrzeichen Valencias.

Colón (e 5) • www.sanjuandelhospital. es • Mo–Fr 7–8, 9.30–13.30, 17–21, Sa 9.30–13.30, 17–21, So 11–14, 17–21 Uhr

Jardí Botànic ▶ Klappe vorne, a 2

Als schattige Oase mitten in der Stadt präsentiert sich der Botanische Garten der Universität Valencia. Gegründet wurde er schon 1567, die heutige Anlage stammt von 1802 und wurde in jüngerer Zeit gründlich renoviert und erweitert. Der Mittelmeerflora ist Platz eingeräumt, die meisten Pflanzen stammen allerdings von anderen Kontinenten. Tropische Gewächse zeigt ein Glashaus aus dem 19. Jh.
C. de Quart 80 • U-Bahn: Túria • www. jardibotanic.org • Di–So ab 10 Uhr, Schließung je nach Jahreszeit zwischen 18 und 21 Uhr • Eintritt 2 €

Jardín del Túria

▶ Klappe vorne, a 1–f 6

Der Grüngürtel umgibt die Innenstadt im Norden und Osten. Er folgt dem ehemaligen Flusslauf des Riu

Túria. Dieser wurde nach einer Überschwemmungskatastrophe im Jahr 1957 südlich der Stadt umgeleitet. Sein trockengelegtes Bett ist heute eine Parkanlage.

Jardines del Real 🍴👤

▶ Klappe vorne, e 2

Größte Grünanlage Valencias sind die »königlichen Gärten« aus dem 19. Jh. Der Park zeigt viele Gesichter. Einige Bereiche sind im formalen Stil angelegt, mit Formschnitthecken, Skulpturen und Fontänen. An anderen Stellen wird der Natur (fast) freier Lauf gelassen, hier finden sich romantische Winkel unter hohen Bäumen. An Wochenenden sind die Jardines del Real das beliebteste Naherholungsziel der Valencianer.
C. de San Pío V • U-Bahn: Alameda (f 3) • tgl. 8 Uhr bis Sonnenuntergang • Eintritt frei

Jardines de Monforte

▶ Klappe vorne, f 2

Einer der schönsten und beschaulichsten Gärten Valencias. Er geht auf die 1860er-Jahre zurück, als im Nordosten der Stadt einige zuvor landwirtschaftlich genutzte Huertas in Adelssitze mit prächtigen Parks umgewandelt wurden. Zwei Gartenteile sind im klassizistischen Stil nach französischem Vorbild gestaltet, mit symmetrischen Achsen, Formgehölzen, Springbrunnen und Statuetten. Eine dritte Zone, der »Bosquete« (Wäldchen), wirkt fast naturbelassen, dem englischen Landschaftsgartenstil der Romantik entsprechend. Auch ein gepflegter Rosengarten und eine von Kletterpflanzen überwucherte Galerie fehlen nicht.

Pl. de la Legión Española • U-Bahn: Facultats • Mitte März–Mitte Sept. tgl. 10.30–20, Mitte Sept.–Mitte März tgl. 10.30–18 Uhr • Eintritt frei

Lonja de la Seda ▶ Klappe vorne, c 3

Im 15. Jh. gegründet, war die Seidenbörse (auch »Llotja« genannt) Drehscheibe für den lukrativen Seidenhandel. Die Säulenhalle wurde wie eine katalanische Hallenkirche gebaut, wobei die Seitenschiffe etwa gleich hoch und fast so breit wie das Hauptschiff sind. Die schlanken, gedrehten Säulen erinnern an Palmen und enden wie diese in einem Schopf aus »Wedeln« im Deckengewölbe. Auch der Garten ist zu besichtigen, er ähnelt dem Kreuzgang eines Klosters.

WUSSTEN SIE, DASS …

… die Chinesen lange geheim hielten, wie Seide entsteht? Im Jahr 522 schmuggelten zwei Mönche Eier des Seidenspinners und Maulbeerbaumsamen nach Byzanz, von wo sich die Seidenproduktion in Europa ausbreitete.

Als einziges Monument Valencias wurde die Lonja de la Seda von der UNESCO zum Welterbe der Menschheit erklärt.
Pl. del Mercado • U-Bahn: Ángel Guimerà (a 5) • Di–Sa 10–14 und 16.30–20.30, So/Feiertag 10–15 Uhr • Eintritt 2 €, Kinder 1 €, Sa/So/Feiertag Eintritt frei

Mercado Central 🔻3

▶ Klappe vorne, b 4/c 3

Markthalle von 1928 aus der Epoche des spanischen Jugendstils (**Modernisme**). Typisch ist die üppige Ver-

wendung von Fliesen, bunt mit pflanzlichen Motiven bemalten Fensterscheiben und ebenfalls floral geformtem Schmiedeeisen. Durch eine zentrale Kuppel flutet Licht hinein. Eine der größten Markthallen Europas mit ca. 8000 qm Verkaufsfläche. Außerordentlich ist vor allem das Angebot an Fisch und Meeresfrüchten. Am Eingang gegenüber der Seidenbörse werden Paella-Pfannen und die typischen »botas« (Trinkbeutel aus Leder) verkauft.
Pl. del Mercado • U-Bahn: Ángel Guimerà (a 5) • www.mercadocentral valencia.es • Mo–Sa 7.30–14.30 Uhr

Monasterio de San Miguel de los Reyes ▸ Klappe vorne, nördl. f 1

In seiner Monumentalarchitektur erinnert das ehemalige Hieronymitenkloster an den Escorial, den Königspalast bei Madrid. Ab dem Jahre 1545 wurde es, damals eine halbe Tagesreise vom Stadtzentrum entfernt, in der Huerta nördlich von Valencia angelegt. Beachtung verdient vor allem die von zwei Türmen flankierte Renaissancefassade der Kirche (17. Jh.). Deren Querschiff überwölbt eine ausnehmend schöne blaue Kuppel. 1835 wurde das Monasterio wie alle Klöster in Spanien im Rahmen der Säkularisation aufgelöst und verkauft. Seit 1985 beherbergt es die Bibliotheca Valenciana, deren Aufgabe es ist, Schrifttum in valencianischer Sprache zu sammeln und in der Region Valencia populär zu machen.
U-Bahn: Sant Miquel dels Reis
– Bibliothek: Mo–Fr 9–20.30, Sa 9–13.30, Sa/So/Feiertag öffentliche Führungen um 12 und 13 Uhr
– Kloster: Besichtigung Di 10, 11 und 12 Uhr, Sa/So 12 und 13 Uhr (nur nach Anmeldung unter Tel. 9 63 87 40 00) • Eintritt frei

Dynamischer Mix aus Stahl und Beton: Die Puente de La Exposicion (▸ S. 40) wurde 1995 von dem aus Valencia stammenden Architekten Santiago Calatrava entworfen.

VALENCIA (VALÈNCIA)

Puente de la Exposición

> ▶ Klappe vorne, f 4

Die futuristische Brücke, ein Entwurf des Stararchitekten Santiago Calatrava, erhielt wegen ihrer ungewöhnlichen Form den Spitznamen »La Peineta« (der Kamm). Mit nur einem 14 m hohen Bogen überspannt die Stahlkonstruktion den Ríu Túria.

U-Bahn: Alameda (f 3)

Torres de Quart ▶ Klappe vorne, a 3

Den westlichen Zugang zur Stadt bewachten die beiden wuchtigen, von Zinnen gekrönten Rundtürme (15. Jh.) weit über das Mittelalter hinaus. Die zahlreichen heute sichtbaren Einschusslöcher stammen aus dem Spanischen Erbfolgekrieg (1702–1713), als französische Truppen, die den späteren Bourbonenkönig unterstützten, Valencia belagerten. Die 2007 restaurierten Torres de Quart gelten als schönes Beispiel für spätgotische Militärarchitektur.

Av. Guillem de Castro • U-Bahn: Túria • Di–Sa 10–14 und 16.30–20.30, So/Feiertag 10–15 Uhr • Eintritt frei

Torres de Serranos

> ▶ Klappe vorne, c 1

Von der mächtigen Stadtmauer Valencias blieb auch dieses beeindruckende Nordtor erhalten. Im 14. Jh. wurde einer der besten damaligen Baumeister, Pere Balaguer, damit beauftragt, den wichtigsten Eingang in die Stadt zu sichern. Dabei orientierte er sich am Vorbild der südfranzösischen Festungsstadt Carcassonne. Zwei fünfeckige Türme flankieren einen Durchlass, der gerade eben groß genug war, um einen Reiter oder einen Wagen hindurchzulassen. Vom 16. Jh. bis 1887 dienten die Türme als Gefängnis für adelige Straftäter. Heute dürfen Besucher bis auf die oberen Plattformen steigen, wo sich ein schöner Blick über die Stadt bietet.

Plaza Fueros • U-Bahn: Pont de Fusta (d 1) • Di–Sa 10.30–14 und 16.30–20.30, So/Feiertag 10–15 Uhr • Eintritt 2 €, Sa/So/Feiertag Eintritt frei

MUSEEN

Instituto Valenciano de Arte Moderno (IVAM)

> ▶ Klappe vorne, b 1

Das Institut in einem Bau von 1989 mit bemerkenswerter Fassade hat sich nicht nur die Präsentation moderner Kunst für ein interessiertes Publikum auf die Fahnen geschrieben, sondern betreibt auch international anerkannte Forschung, organisiert Kurse und Workshops. Den Grundstock der Sammlung bilden Werke verschiedener Kunstrichtungen des 20. Jh., Entwicklungen seit der Jahrtausendwende finden ebenfalls Berücksichtigung. Im Untergeschoss sind bei den Bauarbeiten entdeckte Reste der mittelalterlichen Stadtmauer Valencias zu sehen.

C. Guillém de Castro 118 • U-Bahn: Túria (westl. a 1) • www.ivam.es • Di–So 10–20 (Juni–Sept. bis 22) Uhr • Eintritt 2 €, Kinder 1 €

Museo de Bellas Artes

> ▶ Klappe vorne, e 1

Eine der größten und bedeutendsten Gemäldesammlungen Spaniens. Neben valencianischen Malern findet man auch Werke von El Greco, Goya und Velázquez.

C. de San Pío V 9 • U-Bahn: Pont de Fusta (d 1) • http://museobellasartes valencia.gva.es • Di–So 10–20 Uhr • Eintritt frei

Valencia (València) 41

Die Torres de Serranos (▶ S. 40) stellten einst den wichtigsten Eingang Valencias dar. Er wurde im 14. Jahrhundert durch die beiden fünfeckigen Türme gesichert.

Museo del Arroz

▶ Klappe vorne, östl. f 5

In einer ehemaligen Reismühle vom Beginn des 20. Jh. arbeiten die Geräte nach ihrer Restaurierung wieder. Hier wird gezeigt, wie Reis früher nach der Ernte durch Schälen und Polieren lagerfähig gemacht wurde.

WUSSTEN SIE, DASS…

… der Begriff Paella ursprünglich nur in Valencia verwendet wurde? Ähnliche Reisgerichte gibt es auch anderswo an der Costa Blanca, doch sie heißen dort schlicht und einfach »arroz« (Reis).

C. Rosario 1 (Stadtteil Cabanyal, in Hafennähe) • U-Bahn: Dr. Lluch • www.museoarrozvalencia.es • Di–Sa 10–14 und 16.30–20.30, So/Feiertag 10–15 Uhr • Eintritt 2 €, Kinder 1 €, Sa/So/Feiertag Eintritt frei

Museo del Patriarca

▶ Klappe vorne, d 4

Ein Priesterseminar von 1583, das Real Colegio del Corpus Christi, bildet den Rahmen für das Kunstmuseum. Seine Räume gruppieren sich um einen Renaissance-Kreuzgang, dessen italienisch anmutende Architektur seinerzeit wegweisend in Spanien war. Die ausgestellten Werke repräsentieren das 16. und 17. Jh. Herausragend sind mehrere Gemälde von El Greco sowie einige Beispiele für flämische Malerei. Die angeschlossene **Igreja del Patriarca** überstand den Spanischen Bürgerkrieg unbeschadet und gilt heute als schönste Kirche Valencias. In den Kuppeln und Seitenkapellen sind noch farbenprächtige Originalfresken zu bewundern.

C. de la Nave 1 • U-Bahn: Colón (e 5) • tgl. 11–13.30 Uhr • Eintritt 2 €, Kinder frei

Museo Fallero

▸ Klappe vorne, südöstl. f 6

Die schönste Figur, die bei den »Fallas« dem Feuertod entrinnt, wandert in dieses Museum, ein ehemaliges Kloster der Paulaner. Seit 1934 ist das Ereignis auf diese Weise lückenlos dokumentiert. Außerdem gibt es Fotografien, Plakate und ein sehr informatives Video von dem Festival zu sehen (▸ S. 23). Der Museumsshop bietet Geschenkideen und Publikationen zum Thema.
Pl. Monteolivete 4 • U-Bahn: Colón (e 5) • www.fallas.com • Di–Sa 10–14 und 16.30–20.30, So/Feiertag 10–15 Uhr • Eintritt 2 €, Kinder 1 €, Sa/So/Feiertag Eintritt frei

Museo Nacional de Cerámica y de las Artes Suntuarias »Gonzalez Martí«

▸ Klappe vorne, c/d 4

Das Museum gibt einen Überblick über die Entwicklung der Keramik, angefangen mit prähistorischen Funden über römische, griechische und maurische Tonwaren bis hin zur Gegenwart. Zeitgenössische Arbeiten sind zahlreich vertreten, darunter Werke von Picasso. Auch wird die traditionelle Töpferkunst in Valencias Vorort Manises gut dokumentiert. Das Gebäude, der ehemalige **Palacio del Marqués de Dos Águas**, ist für sich schon äußerst sehenswert. In seiner heutigen Form wurde er um 1740 gestaltet und im damals aktuellen Barockstil überreich dekoriert. Außergewöhnlich ist die Alabasterverzierung des Eingangsportals.
C. Poeta Querol 2 • U-Bahn: Colón (e 5) • http://mnceramica.mcu.es • Di–Sa 10–14 und 16–20, So/Feiertag 10–14 Uhr, Juni–Sept. auch Sa 20–24 Uhr • Eintritt 3 €, Kinder frei

Museo Valenciano de la Ilustración y la Modernidad (MUVIM)

▸ Klappe vorne, b 5

Die permanente, interaktive Ausstellung des Museums, »La Aventura del Pensamiento« (Das Abenteuer des Denkens), führt den Betrachter durch die Zivilisationsgeschichte der westlichen Welt, vom Mittelalter bis in die Gegenwart, und erklärt moderne Sichtweisen und Einstellungen durch den Blick in die Vergangenheit. Das Gebäude, ein Werk des Architekten Guillermo Vázquez Consuegra, gilt als einer der interessantesten zeitgenössischen Bauten in Valencia.
C. Guillém de Castro 8 • U-Bahn: Ángel Guimerà (a 5) • www.muvim.es • Di–Sa 10–14, 16–20, So/Fei 10–14 Uhr • Eintritt frei

Museu de Prehistòria de València (La Beneficencia)

▸ Klappe vorne, b 2

Das Museum gibt einen breiten Überblick über die Archäologie der Region Valencia, von der frühen Steinzeit bis zur Herrschaft der Westgoten. Untergebracht ist es in einem ehemaligen, sorgfältig renovierten Waisenhaus, dessen neobyzantinische Kirche (1881) heute als Konzertsaal dient.
C. Corona 36 • U-Bahn: Túria (westl. a 1) • www.museuprehistoriavalencia.es • Di–So 10–20 Uhr • Eintritt frei

SPAZIERGANG

Die Kathedrale mit dem Turm El Micalet beherrscht den Nordrand der Plaza de la Reina, einer weitläufigen, von Cafés und Bierstuben gesäumten Platzanlage. Von der Südseite der Plaza gelangen Sie durch den lebhaften Carrer de Sant Vicent

Valencia (València) 43

Werke der Kunst und Fotografie des 20. Jahrhunderts präsentiert das Instituto Valenciano de Arte Moderno (IVAM) (▶ S. 40) in Dauer- und Wechselausstellungen.

Màrtir und die schräg links abzweigende Straße Plaza del Ayuntamiento zum Rathausplatz. Auch er ist als Park angelegt, ein Springbrunnen spendet kühles Nass. Blumenhändler bieten ihre Ware feil. Vom Rathausplatz schlagen Sie den Carrer d'En Llop in westlicher Richtung ein und gehen über den Carrer de Sant Vicent Màrtir geradeaus hinweg. Viele Geschäfte in diesem nostalgischen Stadtteil erinnern an vergangene Zeiten. Rechts biegen Sie ein in den Carrer Mùsic Peydró. Korbmöbel, aber auch anderes Mobiliar werden hier verkauft. Dann treffen Sie auf den Carrer Palafox, der Sie im spitzen Winkel links am Jugendstilgebäude einer Sparkasse vorbei zum **Mercado Central** führt. Sie gehen durch die Markthalle und verlassen diese bei der Fischabteilung. Dann wenden Sie sich nach rechts. Gegenüber erhebt sich die **Lonja** (Seidenbörse). An ihr gehen Sie links vorbei durch die Calle Cordellats zur Plaza Compañía und weiter durch die schmale Calle de la Cenia, in der es

MERIAN-Tipp

HOTEL AD HOC MONUMENTAL
▶ Klappe vorne, d 2

Das kleine, exklusive Hotel in Valencia ist in einem renovierten Stadtpalast aus dem 19. Jh. untergebracht. Es liegt in einer ruhigen Seitenstraße in der Nähe des historischen Zentrums, im Altstadtviertel Xerea. Alle wesentlichen Sehenswürdigkeiten der Stadt sind von hier aus gut zu Fuß zu erreichen. Die Zimmer sind großzügig und geschmackvoll eingerichtet. Sie haben zwar nur winzige Balkone, aber jedes verfügt über eine Leseecke mit edlem Mobiliar. Ebenso empfehlenswert ist das angeschlossene Restaurant mit hervorragender Weinkarte und innovativer spanischer Küche.
Valencia, C. Boix 4 • U-Bahn: Pont de Fusta (d 1) • Tel. 963 91 91 40 • www.adhochoteles.com • 28 Zimmer • €€€

noch altertümliche schmiedeeiserne Straßenlaternen gibt. So gelangen Sie in das Gewirr der Altstadtgassen. Hier halten Sie sich links, durch die Calle de la Estamenería Vieja, die in die Calle de la Purisma übergeht. An einem bunten Fliesenbild, das einen Bischof bei einer Taufe zeigt, rechts abbiegend, geht es durch die Calle Correjería. An einigen Antiquitätenhandlungen vorbei halten Sie auf die Plaza de la Virgen zu, den Platz hinter der Kathedrale, wo in einem Springbrunnen die allegorische Bronzefigur des Flussgottes Túria ruht. Dieser Platz ist Treffpunkt schlechthin – vor allem für Studenten. Straßencafés laden zur Rast ein. Anschließend gelangen Sie durch die Calle de Micalet zurück zur Plaza de la Reina. Oder Sie lassen sich durch die nordöstlich angrenzenden Gassen mit ihren schönen alten Stadtpalästen treiben.
Dauer: ca. 2 Stunden

ÜBERNACHTEN
Petit Palace Bristol
▶ Klappe vorne, c/d 4

Schönes altes Stadthaus • Im historischen Zentrum. Modern, u. a. mit schnellem Internetanschluss und Hydromassage-Duschen ausgestattete Zimmer. Auf Wunsch Frühstücksbuffet, Snack-Bar.
C. L'Abadía de San Martín 3 • U-Bahn: Xàtiva (c 6) • Tel. 933 80 12 12 • www.hotel-petitpalacebristol.com • 45 Zimmer • €€€€

Jardín Botánico Valencia
▶ Klappe vorne, a 3

Avantgardistischer Stil • Elegantes Hotel in einem Stadtpalast aus dem 19. Jh. Westlich der Innenstadt beim Botanischen Garten ruhig gelegen. Zuvorkommender Service.
C. Doctor Peset Cervera 6 • U-Bahn: Túria • Tel. 963 15 40 12 • www.hotel jardinbotanico.com • 16 Zimmer • €€€

Venecia
▶ Klappe vorne, c 4

Ganz spezielle Aussicht • Zentral und doch ruhig gelegenes Hostal. Das Besondere an den gut ausgestatteten Zimmern ist der Blick auf den Rathausplatz. Auch Familien- und Raucherzimmer.
Plaça de Ajuntament 3 • U-Bahn: Xàtiva (c 6) • Tel. 963 52 42 67 • www.hotelvenecia.com • 55 Zimmer • €€€

Valencia (València) 45

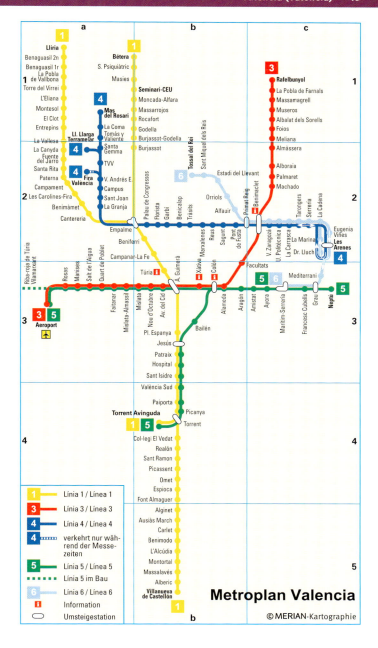

VALENCIA (VALÈNCIA)

> **MERIAN-Tipp**
>
> **RASTRO DEL MESTALLA**
> ▶ Klappe vorne, östl. f 3
>
> Jeden Sonn- und Feiertag findet der Rastro del Mestalla, Valencias berühmtester Flohmarkt, auf dem Parkplatz des Fußballstadions Mestalla statt. Es geht fröhlich und bunt zu, unter den Käufern und Verkäufern sind viele Studenten der nahen Universität. Von gebrauchten Möbeln über Bücher bis hin zu Geschirr und Tafelsilber wechselt hier alles nur Erdenkliche den Besitzer, nicht ohne dass zuvor oft lebhaft gefeilscht wurde. Es lohnt sich, nach ganz individuellen Souvenirs Ausschau zu halten, etwa alten Bildern, Fotos von Valencia oder von Hand bemalter Keramik.
> Valencia, Av. de Aragón • U-Bahn: Aragón • So/Feiertag 9–14 Uhr

Antigua Morellana
▶ Klappe vorne, c 3

Charmantes Hostal • Zwischen Markt und Kathedrale, eine der ältesten Unterkünfte von Valencia. Im Jahr 2000 neu eröffnet, sehr persönlich geführt. Alle Zimmer mit Privatbad und Heizung. Die Rezeption ist rund um die Uhr besetzt.
C. En Bou 2 • U-Bahn: Xàtiva (c 6) • Tel. 963 91 57 73 • www.hostalam.com • 18 Zimmer • €€

ESSEN UND TRINKEN

Ca'Sento ▶ Klappe vorne, östl. f 5

Preisgekrönter Luxus • Gilt als derzeit bestes Restaurant Valencias, ist zugleich allerdings auch das wahrscheinlich teuerste. Das Lokal im Hafenviertel blickt auf eine lange Tradition zurück, doch zeigt sich die Küche neuen Einflüssen gegenüber stets aufgeschlossen. Fangfrisches aus dem Meer wird hier aufs Feinste zubereitet. Reservierung ist unbedingt erforderlich. Rauchen erlaubt.
C. Méndez Núñez 17 • U-Bahn: Francisco Cubells • Tel. 963 30 17 75 • www.casento.net • So und Mo abends, Osterwoche und im Aug. geschl. • €€€€

Rías Gallegas ▶ Klappe vorne, d 6

Aufmerksamer Service • In dem Spitzenlokal wird die für Fisch und Meeresfrüchte berühmte galicische Küche zelebriert. Täglich wechselnde Speisekarte je nach Marktlage. Alles ist perfekt angerichtet. Ein Raucherbereich und ein gut sortierter Weinkeller runden das Angebot ab.
C. Cirilo Amorós 4 • U-Bahn: Xátiva (b 3) • Tel. 963 52 51 11 • www.riasgallegas.es • Mo nur mittags, So, Osterwoche und Aug. geschl. • €€€€

Albacar ▶ Klappe vorne, e 5

Saisonale Zutaten • Ambitioniert geführter Familienbetrieb mit hervorragender moderner Mittelmeerküche. Das Ambiente ist überaus angenehm, der Weinkeller dazu bestens sortiert.
C. de Sorní 35 • U-Bahn: Colón (e 5) • Tel. 963 95 10 05 • www.restaurantealbacar.com • Sa abends, So/Feiertag und Aug. geschl. • €€€

Ben Fet ▶ Klappe vorne, c 3

Küche der Region • Restaurant der Hotel- und Tourismusschule von Valencia. Hervorragender Service, klassische Gerichte mit Schwer-

Valencia (València) 47

punkt auf Reis. Aber auch auf Innovationen wird Wert gelegt.
C. Correjería 28 • U-Bahn: Pont de Fusta (d 1) • Tel. 963 15 52 50 • www.ehtvalencia.com • nur abends geöffnet • €€€

Burdeos in Love ▶ Klappe vorne, d 3
Feiner Szenetreff • Die Speisekarte ist klein, aber spannend. Klassiker der spanischen Küche werden neu interpretiert. Beeindruckend ist die Auswahl an Weinen und Sekt.
C. Mar 4 • U-Bahn: Colón (e 5) • Tel. 963 91 43 50 • www.burdeosinlove.com • Mo–Fr 14–16, Mo–Sa 21–24 Uhr • €€€

Chust Godoy ▶ Klappe vorne, d 2
Niveauvoll familiär • Kreative Küche bei einer sympathisch klein gehaltenen Speisekarte. In stilvoll renoviertem Stadtpalast der Jahrhundertwende. Rauchen erlaubt.
C. Boix 6 • U-Bahn: Pont de Fusta (d 1) • Tel. 963 91 38 15 • www.chustgodoy.com • Sa nur abends geöffnet, So und Aug. geschl. • €€€

Bamboo de Colón
▶ Klappe vorne, e 5

Minimalistisch gestylt • Mediterrane Küche mit leichter asiatischer Note im Untergeschoss der Jugendstil-Markthalle Mercado de Colón. Günstige Tagesmenüs.
C. Jorge Juan 19 • U-Bahn: Colón (e 5) • Tel. 963 53 03 37 • www.grupoelalto.com • Mo–Do 13.30–16 und 20.30–23.30, Fr 13.30–16 und 21–24, Sa/So 14–16 und 21–24 Uhr • €€

Seu-Xerea ▶ Klappe vorne, c 2
Kreativ und köstlich • Die mediterrane Küche weist eine orientalische Note auf. Mit den Jahreszeiten wechselnde Mittags- und Abendmenüs. Wohlfühlambiente.

Sehr authentisch wirkt die Plaza Redonda (▶ S. 48) mit ihren Geschäften und Marktständen. Hier kann man Handgearbeitetes wie Spitzen und Keramik erstehen.

VALENCIA (VALÈNCIA)

C. Conde de Almodóvar 4 • U-Bahn: Pont de Fusta (d 1) • Tel. 963 92 40 40 • www.seuxerea.com • Sa mittags und So geschl. • €€

The ginger loft ▸ Klappe vorne, c 4
Wohlfühlatmosphäre • Beliebtes Restaurant-Café, das einen internationalen Stil nach Valencia bringt. Lockerer Mix aus mediterraner und asiatischer Küche. Gute Cocktails.
C. Vitoria 4 • U-Bahn: Colón (e 5) • Tel. 963 52 32 43 • www.thegingerloft.com • Di–Fr 13.30–16 und 19–1, Sa 19–1, So 13.30–17 und 19–0.30 Uhr • €

MERIAN-Tipp

SHOPPINGPARADIES VALENCIA

In den vergangenen Jahren entwickelte sich Valencia zu einer Einkaufsdestination ersten Ranges. Im Südostteil der Altstadt, zwischen der Calle de la Paz und der Calle Colón, häufen sich die Boutiquen und Designerstores. Die spanischen Modeschöpfer **Adolfo Dominguez** (C. Colón 52 & 72) und **Armand Basi** (C. Colón 52) verkaufen hier ihre Kreationen vergleichsweise günstig. Erschwinglich ist auch die stylishe Mode der Venezolanerin **Carolina Herrera** (C. de la Paz 5). Selbstverständlich sind auch die preiswerteren spanischen Marken **Massimo Dutti** (C. Colón 33), **Mango** (C. Don Juan de Austria 7) und **Zara** (C. Don Juan de Austria 32) mit gut sortierten Shops vertreten. Kaum Wünsche offen lässt das Kaufhaus **El Corte Inglés** (C. Colón 27) mit Delikatessenabteilung im Untergeschoss.

EINKAUFEN

Fnac ▸ Klappe vorne, b 5
Gigantischer Medienladen mit einem Mega-Angebot an Büchern, Musik-CDs, Videos, Computerspielen und Elektronikartikeln.
C. Guillém de Castro 9 • U-Bahn: Ángel Guimerà (a 5) • www.fnac.es • Mo–Sa 10–21.30, So 12–21.30 Uhr

La Querencia ▸ Klappe vorne, c 6
Gut bestückte Weinhandlung zwischen Tradition und Moderne. Natürlich sind auch die einheimischen Tropfen der D.O. Valencia und D.O. Utiel-Requena vertreten. In der angeschlossenen Weinstube kann man günstig essen und dazu unter acht offenen Weinen wählen.
C. del Pelayo 32 • U-Bahn: Xàtiva (c 6) • www.la-querencia.com

Mercado de Colón
▸ Klappe vorne, e 5
Im Wohnviertel L'Eixample, einer rasterförmig geplanten Stadterweiterung des ausgehenden 19. Jh., entstand aus der damals errichteten, wunderschönen Markthalle ein angesagter Einkaufstempel mit Restaurants und Cafés. Auch in den Straßen rundum häufen sich schicke Boutiquen und Schuhgeschäfte.
C. Jorge Juan • U-Bahn: Colón (e 5)

Plaza Redonda ▸ Klappe vorne, c 3
Charmanter runder Marktplatz aus dem 19. Jh. mit einem Brunnen in der Mitte. Bis spät in die Nacht hinein sind hier Souvenirgeschäfte und Tapas-Bars geöffnet. Am Sonntag findet vormittags ein Wochenmarkt statt, auf dem sich die typischen spanischen Fächer sowie handbemalte Fliesen und andere Keramik, für die Valencias Vorort Ma-

Valencia (València) 49

Zuerst sitzt man gemütlich im Lokal, dann zieht man weiter durch Bars und Diskotheken: Nachtleben in Valencias Ausgehviertel Barrio del Carmen (▶ S. 49).

nises einst berühmt war, erstehen lassen.
C. de San Vicente Mártir • U-Bahn: Xàtiva (c 6)

Sombrerería Albero

▶ Klappe vorne, c 3

Dieses Hutmachergeschäft existiert seit 1920. Von klassischen Herren- und Damenhüten bis hin zu modernen Kreationen ist hier alles aus eigener Herstellung.
Pl. del Mercado 8–9 • U-Bahn: Ángel Guimerà (a 5)

AM ABEND

Ausgehviertel Nr. 1 ist das **Barrio del Carmen** im Nordwesten der Altstadt, das seinen Namen der Iglesia del Carmen verdankt. Vor allem in der Calle de Caballeros reihen sich die Trendlokale aneinander, deren Namen so oft wechseln wie ihre Besitzer. Viele bieten Livemusik, andere punkten mit ruhiger Atmosphäre und herrlichen Terrassen.

Pubs und Discos, in denen speziell am Donnerstag und Freitag, wenn die Studenten ausgehen, ein junges

Publikum zu den aktuellen Latino-Rhythmen abtanzt, häufen sich an den Avenidas Aragón und Blasco Ibáñez (U-Bahn: Aragón) sowie um die Calle de Juan Llorens (U-Bahn: Ángel Guimerà (a 5)). Im Sommer verlagert sich das Geschehen an die Playa de Malvarrosa in der Nähe des Hafens (U-Bahn: Neptú).

Café de las Horas
▶ Klappe vorne, c 2

Die barocke Einrichtung ist allein schon einen Besuch wert, dazu gibt es Kerzenlicht, entspannte Musik und das angeblich beste »agua de Valencia« (ein Mix aus Cava, der spanischen Version des Champagners, frisch gepresstem Orangensaft und der einen oder anderen geheimen Zutat).
C. Conde de Almodóvar • U-Bahn: Pont de Fusta (d 1) • Mo–Do 16–1.30, Fr/Sa 16–3 Uhr

Las Ánimas ▶ Klappe vorne, d 6

Einzigartiger Treff für Leute jenseits der dreißig, tagsüber mit ruhigen Winkeln für ein Gespräch oder einen gepflegten Kaffee und Zonen, in denen »etwas los ist«, der sich abends in einen Festsaal verwandelt. Ausgewählte Musik: Jazz-Sessions, Live-Performances und vieles mehr. Behagliche Atmosphäre.
C. Pizarro 31 • U-Bahn: Colón (e 5) • www.lasanimas.com • tgl. 19–3.30 Uhr

SERVICE
AUSKUNFT
Tourist Info
www.turisvalencia.es
– Pl. de la Reina 19 • Tel. 963 15 39 31
▶ Klappe vorne, c/d 3
– Pl. de Ajuntament • Tel. 618 18 35 00
▶ Klappe vorne, c 5
– C. Xátiva 24 • Tel. 963 52 85 73
▶ Klappe vorne, c 6

Im schummerigen Boheme-Ambiente des Café de las Horas (▶ S. 50) schmecken die fantasievoll gemixten Cocktails besonders köstlich.

Ziele in der Umgebung
◉ Coves de Sant Josep (Grutas de San José)
▶ S. 115, E 5

Ein besonderes Erlebnis ist die Bootsfahrt auf dem unterirdischen Fluss, der die 30 km von Sagunt entfernten Grotten durchzieht. Fast 2 km werden insgesamt auf dem Wasser zurückgelegt, weitere 250 m zu Fuß durch einen trockenen Höhlenzweig. Der Ausflug in die Unterwelt dauert rund 40 Minuten. Gleich am Eingang sind prähistorische Felsmalereien zu erahnen, die etwa 15 000 Jahre alt sind. Das Wasser hat ganzjährig eine konstante Temperatur von 14 °C, die Lufttemperatur liegt stets bei 20 °C.

Anfahrt: Autobahn A 7 Richtung Norden bis zur Anschlussstelle 49, dann der Beschilderung folgen. La Vall d'Uixó • www.riosubterraneo.com • Abfahrten tgl. 11–13.15 (ganzjährig) sowie 15.30–17.45 Uhr (Okt.–Mai), 15.30–18.30 (Juni/Juli, Sept.), 15.30–19.15 Uhr (Aug.), 1. Jan., 1. Juni, 25. Dez. geschl. • Eintritt 9,50 €, Kinder 4 bis 13 Jahre 4,50 €
47 km nördl. von Valencia

◉ Sagunt (Sagunto) ▶ S. 115, E 6
25 000 Einwohner

Ruinen einer mächtigen Festung überragen die Stadt. Als Bollwerk der Römer spielte »Saguntum« eine wichtige Rolle in den Punischen Kriegen gegen Karthago. Zentrum der Altstadt ist die Plaça Major. Häuser mit Arkadengängen säumen den Platz, der von der Pfarrkirche dominiert wird. Oberhalb der Kirche beginnt der Carrer del Teatre Romà, der Fußgängern durch sorgfältig renovierte Gassen den Zugang zum römischen Theater und zum Kastell ermöglicht.
23 km nördl. von Valencia

> **WUSSTEN SIE, DASS…**
>
> … Hannibal zu seinem Zug über die Alpen mit 37 Kriegselefanten vielleicht in Sagunt aufbrach? Die Historiker sind sich aber nicht einig darüber, vielleicht zog er auch vom südlich der Costa Blanca gelegenen Cartagena aus los.

MERIAN-Tipp

AUSFLUG IN DEN NATURPARK L'ALBUFERA ▶ S. 115, D/E 7

Ab Valencia wird eine per Audiosystem in acht Sprachen kommentierte zweistündige Busfahrt in den Naturpark L'Albufera angeboten. Die Fahrten starten an der Plaza de la Reina in Valencia und fahren zunächst am Ostufer des Albufera-Sees entlang, es folgt ein kleiner Abstecher ins Feuchtgebiet La Dehesa. Ziel ist der kleine Ort El Palmar, der durch mehrere schmale Kanäle stellenweise wie Klein-Venedig wirkt. Dort beginnt dann eine Bootsfahrt durch den Parque Natural de L'Albufera. Man bekommt auf der Fahrt einen guten Eindruck von der Landschaft und erhält interessante Informationen zu Flora, Fauna und Reisanbau.

Albufera Bus Turistic • www.valenciabusturistic.com • Do–So 10, 12.30 und 16 Uhr (Okt.–Mai), Mo–Sa 10, 10.30, 12.30, 13.30, 16, 17, 18.30 Uhr (Juni–Sept.) • Ticket 14 €, Kinder frei

SEHENSWERTES
Ermita de la Sangre
Das bemerkenswerte barocke Gotteshaus (17. Jh.) ragt mit seiner glänzend blau gefliesten Kuppel aus dem Gassengewirr der Altstadt hervor. Hier starten die meisten Prozessionen während der Semana Santa.
C. de la Sang Nova

Iglesia de Santa Maria
Seit der Reconquista war Santa Maria die Hauptkirche der Stadt. Ihre Erbauungszeit erstreckte sich von 1334 bis 1799. Sie ist in schlichtem gotischen Stil als Wehrkirche gehalten, glänzt aber durch die mit Kupferblech beschlagene, reich verzierte Tür.
Pl. Major

Museo Histórico de Sagunto
In der ehemaligen Warenbörse (14. Jh.) neben der Judería zeigt das 2007 eröffnete Museum Funde aus der Römerzeit. Die Sammlung lateinischer Inschriften ist eine der größten Spaniens.
C. del Castell 23 • Tel. 962 66 55 81 • Di–Sa 11–20, So/Feiertag 11–15 Uhr • Eintritt frei

Portal de la Judería (Portalet de la Sang)
Das mittelalterliche Tor bietet Einlass in den Carrer de la Sang Vella, eine ehemals von Juden bewohnte Gasse, die an beiden Ausgängen abgesperrt werden konnte.
C. del Castell

Teatro Romano (Teatre Romà) und Castillo (Castell)
Von der einstigen Bühne des römischen Theaters ist außer ein paar Säulenresten nicht viel erhalten. Sie wurden in eine moderne Konstruktion einbezogen. Heute wird das

Bei einer Bootsfahrt durch das fantastische Höhlensystem der Coves de Sant Josep (▶ S. 51) bei Sagunt muss man gelegentlich den Kopf einziehen.

Theater wieder für Aufführungen genutzt. Das Castillo bedeckt eine riesige, etwa 1 km lange Fläche. Etwa hier lag einst die römische Siedlung. Vom höchsten Punkt des Burgbergs bietet sich ein wunderbarer Panoramablick.
C. del Castell • Di–Sa 10–18 (im Sommer bis 20 Uhr), So/Feiertag 10–14 Uhr, 1. Jan., Karfreitag und 25. Dez. geschl. • Eintritt frei

WUSSTEN SIE, DASS …

… die Schauspieler in römischen Theatern groteske Masken aus Leder oder Holz trugen? Ihre Dialoge sprachen sie rhythmisch, begleitet von Musikern, Sängern und Tänzern.

ESSEN UND TRINKEN
Mesón Casa Felipe
Typisches Speiselokal • In einem Altstadthaus. Große Salatauswahl, auch viele Tapas und »bocadillos« (belegte Brötchen).
C. del Castell 21 • Tel. 962 66 38 01 • Mo geschl. • €

SERVICE
Auskunft
Tourist Info Sagunto • Pl. Cronista Chabret • Tel. 962 65 58 59 • www.sagunt.es/turismo

◎ Xàtiva (Játiva)   ▶ S. 116, C 9
30 000 Einwohner
Komplett unter Denkmalschutz steht die Altstadt von Xàtiva. Beherrscht wird sie von einer Burganlage, die einen ganzen Berg überzieht. Das maurische Mittelalter scheint in Xàtiva noch lebendig. Damals, um 1150, wurde hier erstmals auf europäischem Boden Papier hergestellt. Die Krone von Aragón förderte die Stadt nach der Reconquista. Doch nachdem Xàtiva 1707 die königlichen Privilegien verloren hatte, versank es in einen Dornröschenschlaf, aus dem es erst ganz allmählich wieder erwacht.
60 km südl. von Valencia

SEHENSWERTES
Castillo El Mayor 👣👣
Um die wichtige Straßenverbindung im Hinterland der Mittelmeerküste zu sichern, befestigten schon die Römer den Burgberg von Xàtiva. Doch der Großteil der erhaltenen Mauern und Türme wurde von den Mauren oder nach der Reconquista errichtet. In der Anlage gibt es jede Menge Details zu besichtigen, außerdem beeindruckt der Blick über die Ebene von Valencia.
Subida al Castillo s/n • www.castillosnet.org • Di–So 10–18, März–Okt. bis 19 Uhr, Mo geschl. außer an Feiertagen • Eintritt frei

ÜBERNACHTEN
Huerto de la Virgen de las Nieves
Landhaushotel • Im 19. Jh. errichtet, zählte dieses Herrenhaus inmitten einer Huerta zu den wenigen Gebäuden außerhalb der damaligen Stadtmauer. Heute ist es ein feines Hotel mit antikem Mobiliar und parkartigem Garten.
Av. de la Murta 10 • Tel. 962 28 70 58 • www.huertodelavirgendelasnieves.com • 9 Zimmer • €€€

SERVICE
Auskunft
Tourist Info Xàtiva • Alameda Jaume I. 50 • Tel. 962 27 33 46 • www.xativa.es

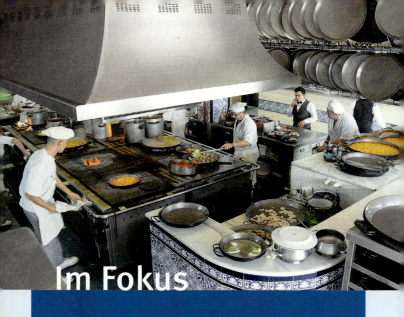

Im Fokus

Paella und mehr
Aus der traditionellen Paella ist heute ein vielseitiges Reisgericht geworden, das in unterschiedlichen Variationen zubereitet wird.

Von Valencia aus trat die Reispfanne ihren Siegeszug durch ganz Spanien an, wo sie inzwischen als eine Art Nationalgericht gilt. Wie eine Paella »richtig« zubereitet wird, darüber gehen die Meinungen auseinander.

Die Zutaten

Zunächst einmal gehört Reis in die Pfanne, und zwar die bei Valencia kultivierte mittelkörnige Sorte. Diese kann viel Wasser aufnehmen und eignet sich daher für die Paella wesentlich besser als Langkornreis.

Erfunden wurde die Paella von den Landarbeitern der Huerta, die ihre Mahlzeiten mit dem wenigen bereiteten, das ihnen zur Verfügung stand. So kommen traditionell nur die Bohnensorten »garrofó« (getrocknete weiße Bohnen), »tavella« (junge Bohnenkerne) und »ferraúra« (grüne Bohnen), außerdem Tomaten und die in den feuchten Reisfeldern allgegenwärtigen »cargols« (Schnecken) hinzu. Nur zu besonderen Anlässen wurde Kaninchen oder Huhn zugegeben, heute sind beide Fleischsorten fester Bestandteil der »Paella valenciana«.

Die Fischer in den Küstenorten und am Rand der Albufera entwickelten ihre Varianten der Reispfanne, die »Paella marinera« (mit Fisch und Meeresfrüchten) und die edlere »Paella de Marisco« (mit Muscheln, Gambas und Langusten). An Gewürzen dürfen so oder

◄ Ganz auf Paella spezialisiert ist die Küche des Restaurants La Pepica (► S. 55) in Valencia.

so reichlich Knoblauch, Paprikapulver und Safran nicht fehlen. Um eine weitere Variante der Paella handelt es sich bei der »fideuà«, an Stelle von Reis werden Nudeln verwendet.

Die Zubereitung

Viele Valencianer sind davon überzeugt, dass die Paella nur mit einheimischem Wasser gelingt. Es soll sogar Leute geben, die Wasser aus Valencia mitnehmen, um damit anderswo eine gelungene Paella zu bereiten …

Jedenfalls eignet sich für die Zubereitung eine spezielle Pfanne, die namengebende »Paella«, besonders gut. Sie hat zwei Henkel und besteht im Idealfall aus Eisen, das die Wärme besser leitet als Stahl. Nach jedem Gebrauch sollte sie sorgfältig eingeölt werden, um Rostansatz zu verhindern. Auf einem normalen Küchenherd hat die Pfanne wegen ihrer Größe – aus ihr werden mindestens sechs bis acht Personen satt – kaum Platz. Das war früher auch nicht nötig, denn eine Paella wurde ursprünglich immer auf dem offenen Feuer ausschließlich im Freien zubereitet.

Zu Beginn des Garprozesses ist viel Hitze erforderlich, um Gemüse und Fleisch in Olivenöl kräftig anzubraten. Dann werden Wasser und Reis zugegeben, und die Paella köchelt von nun an sanft vor sich hin. Ganz wichtig und keinesfalls ein Kunstfehler des Kochs ist die schmackhafte goldgelbe Kruste (»socarrat«), die sich gegen Ende an der Unterseite des Reisgerichts bildet. An ihr messen Kenner die Qualität einer Paella.

Ein gesellschaftliches Ereignis

Heute ist die Paella eine Mahlzeit für Ausflüge und festliche Anlässe im Familien- oder Freundeskreis. Sie wird im Allgemeinen nicht zu Hause gegessen. Entweder bereitet man sie auf einem Picknickplatz zu oder sucht ein auf Reisgerichte spezialisiertes Restaurant auf.

Einkaufen für die Paella

Wer Zutaten für die Paella als Souvenir mitnehmen möchte, wird in der zentralen Markthalle von Valencia fündig, dem Mercado Central (► S. 38). Dort kann man Gewürze wie Safran, Chilischoten oder Knoblauch gut und günstig erstehen. Einige Stände neben der Halle verkaufen Paellapfannen. Den für die Paella benötigten mittelkörnigen Reis gibt es lose auf dem Markt oder abgepackt im Supermarkt.

PAELLA-RESTAURANTS

Bon Aire ► S. 115, D/E 7

Inmitten der Albufera serviert das Traditionslokal eine breite Palette von Reisgerichten, darunter die Urform der Paella mit Huhn und Kaninchen und auch die »Paella de Marisco«. El Palmar, C. Capdet 41 • Tel. 961 62 03 10 • www.restaurantebonaire.com • tgl. 13.30–16.30 und 21–23.30 Uhr • €€

La Pepica ► Klappe vorne, östl. f 3

Die Paella gilt als eine der besten in Valencia. Hier speisten schon Ernest Hemingway, Fußballstar Pelé und die spanische Königsfamilie. Valencia, Pso. de Neptuno 2 • U-Bahn: Neptú • Tel. 963 71 03 66 • www. lapepica.com • Mo–Sa 13–16 und 20.30–23 Uhr • So Reservierung erforderlich • €€

Die Costa del Azahar
Die »Küste der Orangenblüten« fasziniert durch zerklüftete Buchten und feinsandige Strände. Landeinwärts verstecken sich historische Kleinstädte und prähistorische Felsmalereien.

◄ In strategisch günstiger Lage errichtet: Vom Castillo de Peñíscola (▸ S. 59) hat man die Altstadt gut im Blick.

Die Costa del Azahar ist von Mitteleuropa aus noch recht gut per Auto zu erreichen. Daher zieht es vor allem Camper hierher, die hinter den schier endlosen Sandstränden zahlreiche gut ausgestattete Plätze vorfinden. Meist bevorzugen sie die Umgebung von **Peñíscola**, einfach weil der Ort mit seiner markanten Burg über dem urigen Fischerhafen so schön ist. In der Nachbarschaft ist **Vinaròs** für die besten Fischlokale weit und breit berühmt. Auch **Benicàssim** nimmt im Hochsommer zahlreiche Feriengäste auf. Größte Stadt der Region ist **Castelló de la Plana** mit seinem wichtigen Hafen. Im Hinterland gibt es Natur pur, vor allem im **Maestrat**. **Morella**, die Hauptstadt des Maestrat, scheint sich seit dem Mittelalter kaum verändert zu haben.

Benicàssim (Benicasim)
▸ S. 112, C 4

6600 Einwohner

Neben Benidorm (▸ S. 68) ist Benicàssim das zweite große Touristenzentrum der Region. Es liegt an einem schönen breiten Sandstrand. Schon Ende des 19. Jh. entstanden hier Ferienresidenzen. Das erste Hotel wurde 1933 eröffnet. Im Zentrum mit den autofreien Gassen und der altmodischen Strandpromenade spürt man noch etwas vom Flair vergangener Zeiten.

ÜBERNACHTEN
Voramar

Bewährt und gemütlich • Eines der ältesten Hotels in Benicàssim. Am gleichnamigen Strandabschnitt. Die schönsten Zimmer sind diejenigen mit Meerblick.
Pso. Pilar Coloma 1 • Tel. 964 30 01 50 • www.voramar.net • 59 Zimmer • €€€

SERVICE
AUSKUNFT
Tourist Info Casa Abadía

Calle Santo Tomás 76 • Tel. 964 30 01 02 • www.benicassim.org

Ziele in der Umgebung
◎ **Castelló de la Plana (Castellón de la Plana)** ▸ S. 112, C 4

70 000 Einwohner

Castelló ist die Hauptstadt der gleichnamigen Region. In der Ebene ringsum gedeihen Zitrusfrüchte. Im Stadtzentrum spielt sich pralles spanisches Leben ab, vor allem auf der Plaza Mayor und der Plaza Santa Clara, an denen sich hervorragende Tapas-Bars aneinanderreihen. Lebhaft geht es auch im **Mercado Central** zu.
9 km südwestl. von Benicàssim

SEHENSWERTES
Centro de Información »Planetari de Castelló«

Im örtlichen Planetarium untergebrachtes Informationszentrum für das Naturschutzgebiet der Illes Columbretes, einer kleinen unbewohn-

ten Gruppe von Vulkaninseln rund 30 Seemeilen vor der Costa del Azahar. Eine Ausstellung befasst sich mit den Inseln und ihrer einzigartigen Flora und Fauna, die etliche endemische Arten aufweist, z. B. die Columbretes-Eidechse. Betreten werden darf nur die Illa Grossa, das mit 700 m Länge größte Eiland des Archipels, ein halb im Wasser versunkener Krater. Im Informationszentrum sind Adressen von Reedereien zu erfahren, die Ausflugsfahrten zu den Inseln durchführen.
Grau de Castelló • P. Marítimo s/n • http://parquesnaturales.gva.es

Torre El Fadrí

Repräsentativer, 58 m hoher Campanile, in dem elf Glocken die Uhrzeit läuten, die älteste datiert von 1604. Die dazugehörige gotische Konkathedrale (15. Jh.) beherbergt wertvolle Goldschmiedearbeiten.
C. Arcipreste Balaguer 1 • tgl. 7.30–13 und 17–20 Uhr • Eintritt frei

MUSEEN
Museu de Belles Arts

Das moderne »Museum der schönen Künste« ist zugleich ein ethnografisches Museum. Neben Gemälden valencianischer Künstler werden landwirtschaftliche Geräte, Kunsthandwerk, Trachten und Keramik aus der Region gezeigt.
Av. Hermanos Bou 28 • www.dipcas. es/museos/bellesarts • Di–Sa 10–20, So/Feiertag 10–14 Uhr • Eintritt frei

ESSEN UND TRINKEN
Rafael

Weithin gerühmt für Fisch • Bestes von mehreren Fischlokalen am Hafen El Grau.

C. Churruca 28 • Tel. 964 28 21 85 • www.restauranterafael.com • So/Feiertag sowie 15.–30. Sept. und Dez. geschl. • €€€€

◎ Desert de les Palmes (Desierto de las Palmas)
► S. 112, C 4

In der Sierra de les Santes (»Gebirge der Heiligen«) erhebt sich in 450 m Höhe das **Monasterio Desierto de las Palmas**, ein Karmeliterkloster von 1693. Rundum errichteten die Mönche mehrere Einsiedeleien (»ermitas«). Die beeindruckende Bergregion, die im Bartolo (729 m) gipfelt, wurde zum **Parc Natural Desert de les Palmes** erklärt. Neun Wanderwege sind markiert.
Ctra. CV-147 Magdalena – Desert km 8 • http://parquesnaturales.gva.es • Mitte Juni–Mitte Sept. Mo–Fr 9–15, 16–19, Mitte Sept.–Mitte Juni 9–14 und 15–17.30, Sa/So/Feiertag 9.30–15 Uhr • Eintritt frei
4 km westl. von Benicàssim

ESSEN UND TRINKEN
Desierto de las Palmas

Großartiger Blick • Beliebtes Ausflugslokal mit Garten und Terrasse.
Desierto de las Palmas • Tel. 964 30 09 47 • Mo, Mi–So 13–16.30 und 20–23.30 Uhr, Mitte Jan.–Ende Feb. geschl. • €€

◎ Oropesa del Mar (Orpesa)
► S. 112, C 4
9600 Einwohner

Hübsche Strände und ein moderner Jachthafen machen aus Oropesa del Mar einen beliebten Ferienort. Besonders schön ist die halbmondförmige Playa de la Concha. Die Gassen der Altstadt laden zu Streifzügen ein.
7 km nordöstl. von Benicàssim

ÜBERNACHTEN

El Cid

Ansprechendes Haus • In der kleinen Feriensiedlung Las Playetas, 2 km südlich von Oropesa del Mar, liegt dieses überschaubare Hotel nur 50 m vom Strand entfernt. Die Zimmer sind funktional, aber mit einem gewissen Komfort eingerichtet. Von Palmen umgebener Pool.
Las Playetas • Tel. 964 30 07 00 • www.hotelcid.com • 54 Zimmer • €€

SERVICE

AUSKUNFT

Tourist Info Oropesa del Mar
Pl. de París (Playa de la Concha) • Tel. 964 31 23 20 • www.oropesadelmar.es

◉ Prat de Cabanes-Torreblanca ▶ S. 112, C 3/4

Die sumpfige Niederung ist einer der wenigen naturbelassenen Küstenabschnitte an der Costa del Azahar. Heute steht das 860 ha große Feuchtgebiet als Parc Natural unter Schutz. Drei Wanderwege erschließen den für seine spezielle Flora und Fauna bekannten Naturpark.
Centro de Visitantes (Besucherzentrum): La Torre de la Sal bei Ribeira de Cabanes • http://parquesnaturales.gva.es • Mo–Fr 9–14 und 15–17.30 Uhr • Eintritt frei
13 km nordöstl. von Benicàssim

Peníscola ▶ S. 113, D 2/3

4200 Einwohner

Die Altstadt von Peníscola liegt malerisch auf einem Felsen über dem Meer oberhalb des Fischerhafens und ist gleichsam das Wahrzeichen der nördlichen Costa del Azahar. An dieser strategisch bedeutsamen Stelle verschanzte sich Ende des 13. Jh.

MERIAN-Tipp

LICOR CARMELITANO
▶ S. 112, C 4

Nach altem Rezept stellen die Karmelitermönche des Monasterio del Desierto de las Palmas (▶ S. 58) einen aromatischen Kräuterlikör her. Ursprünglich war das Gemisch aus Kräutern, ätherischen Ölen und reichlich Alkohol als Arznei gedacht: äußerlich zur Behandlung von Kopf- und Zahnschmerzen sowie rheumatischen Beschwerden, innerlich galt der Schnaps als anregend. 1896 kamen die ersten Flaschen in den Handel. Wegen der rasch zunehmenden Nachfrage gründete der Orden 1912 die Bodegas y Destillerías Carmelitano am südlichen Stadtrand von Benicàssim.
Benicàssim, C. Bodolz 12 • www.carmelitano.com • tgl. geöffnet

---

der Templerorden, später zog sich Papst Pedro Martínez de Luna, genannt »Papa Luna«, hierher zurück. Heute ist Peníscola sowohl Ausflugsort als auch Ferienstadt. Vom Burgfelsen aus zieht sich die ca. 5 km lange, grobsandige **Playa Norte** in Richtung Norden.

SEHENSWERTES

Castillo de Peníscola 🔴

Die trutzige Burg beherrscht die schöne Altstadt. Errichtet wurde das Castillo von den Tempelrittern, denen Peníscola 1294 zugefallen war. Nach Auflösung des Ordens übernahmen die Ritter von Montesa die Festung und stellten sie dem Gegenpapst Benedikt XIII. zur Verfügung.

DIE COSTA DEL AZAHAR

Dieser residierte zur Zeit des Kirchenschismas in Avignon, konnte sich aber gegen den Papst in Rom nicht durchsetzen. 1415 zog er sich verbittert nach Peñíscola zurück, wo er acht Jahre später verstarb. Sein Wappen mit einer Mondsichel erinnert an seinen bürgerlichen Namen Pedro de Luna (»luna« = span. Mond). Zu besichtigen ist u. a. das Studierzimmer des Papstes.
C. del Castillo • www.castillosnet.org • Ostern–Mitte Okt. tgl. 9.30–21.30, Mitte Okt.–Ostern 10.30–17.30 Uhr • Eintritt 3,50 €

Ermitorio de la Virgen de Ermitana

Das Gotteshaus (erbaut 1708–1714) ist ein schönes Beispiel für den valencianischen Barock. Es birgt eine Statue der Schutzpatronin von Peñíscola, die jedes Jahr in der zweiten Septemberwoche mit einem aufwendigen Fest gefeiert wird. Höhepunkte sind traditionelle Tänze, die an die ritterliche Vergangenheit des Ortes erinnern.
C. Castelló

Refugio de Rapaces

Vogelpark zu Füßen des Castillo del Papa Luna mit vielen Greifvögeln. Die meisten sind gezähmt und dürfen Ausflüge in die Freiheit unternehmen. Ein Falkner führt sein Handwerk vor.
Tgl. 11–14.30 und 16 Uhr–Sonnenuntergang • Eintritt 2,50 €, Kinder 1,50 €

MUSEEN

Museu de la Mar

Themen des Museums sind die Geschichte des Ortes und alles, was mit dem Fischfang zu tun hat. In Aquarien schwimmt die Küstenfauna.
C. Príncep s/n • Okt.–März Di–So

Die Schönheit und Faszination von Geiern, Adlern und anderen Greifvögeln erlebt man im Vogelpark Refugio de Rapaces (▶ S. 60) in Peñíscola.

10–14 und 16–18, April–Juni tgl.
10–14 und 16–20, Juli–Sept. tgl.
10–14 und 17–21 Uhr • Eintritt frei

ÜBERNACHTEN

Bodegón

Besonderes Flair • Kleines Haus in der ersten Linie hinter dem Strand, etwa 2 km vom Stadtzentrum. Gartenterrasse, familiäre Atmosphäre.
Av. Papa Luna 77 • Tel. 964 48 03 30 • www.hotelbodegon.com • 15 Zimmer • €€

Hostería del Mar

Günstige Lage • Am Meer und zugleich nahe der Altstadt gelegen, mit schönem Blick auf die Burg. »Kastilische« Einrichtung mit dunklem Mobiliar.
Av. Papa Luna 18 • Tel. 964 48 06 00 • www.hosteriadelmar.net • 86 Zimmer • €€

ESSEN UND TRINKEN

Casa Jaime

Nur neun Tische • Seit 1967 von der Familie Sanz geführtes Fischrestaurant. Besondere Kreationen sind verschiedene Reisgerichte.
Av. del Papa Luna 5 • Tel. 964 48 00 30 • www.casajaime.net • im Winter So nur mittags, Mi und Mitte Dez.–Mitte Jan. geschl. • €€€

Casa Vicent

Klassiker unter der Burg • Dieses Restaurant liegt in der Altstadt von Peñíscola. Es ist spezialisiert auf fangfrischen Fisch und Meeresfrüchte, die sorgfältig zubereitet werden. Auch bei Einheimischen sehr beliebt. Schöne Terrasse mit Blick über die Hafenbucht.
C. Sts. Martires 13 • Tel. 964 48 06 82 • €€

SERVICE
AUSKUNFT
Tourist Info Peñíscola

Pso. Marítimo • Tel. 964 48 02 08 • www.peniscola.es

Ziele in der Umgebung

◎ **Alcossebre**   ▶ S. 113, D 3

3000 Einwohner

Hauptattraktion des Ferienortes sind seine insgesamt rund 10 km langen, teils noch unverbauten Strände. Nördlich von Alcossebre strahlt der moderne Jachthafen Las Fuentes an der gleichnamigen Playa Atmosphäre aus.
25 km südwestl. von Peñíscola

ÜBERNACHTEN

Alcocéber

Strandnah und zentral • Geschmackvoll eingerichtetes Haus. Familienzimmer und -suiten sind in großer Zahl verfügbar. Animationsprogramm für Groß und Klein, Fahrradverleih.
C. dels Murs • Tel. 964 41 44 11 • www.hotelalcoceber.com • 80 Zimmer • €

ESSEN UND TRINKEN

Sancho Panza

Qualität ist Trumpf • Beim Jachthafen, mit dezent gestyltem Ambiente. Klassisch iberische Küche mit edlen Zutaten wie Seewolf oder Lende vom schwarzen Schwein. Hervorragende Weinauswahl.
C. Jai-Alai 3 C • Tel. 964 41 22 65 • www.restsancho.com • tgl. 13.30–16.30 und 20–23 Uhr • €€€

SERVICE
AUSKUNFT
Alcossebre Tourist Info

Pl. Vistalegre • Tel. 964 41 22 05 • www.alcossebre.info

DIE COSTA DEL AZAHAR

◎ Morella ▶ S. 112, B 1

2800 Einwohner

Eine wuchtige Wehrmauer aus dem 14. Jh. umgibt die mittelalterliche Stadt, die sich unterhalb einer Burg an einen Hügel schmiegt. Das Portal de Sant Miguel, das Stadttor, gewährt Einlass in die schmalen Gassen, in denen sich Feinkostgeschäfte aneinanderreihen. Sie verkaufen die Spezialitäten der Region: Schinken, Käse, Honig, Kräuterlikör.

79 km nordwestl. von Peñíscola

SEHENSWERTES

Castell

Das Kastell von Morella geht auf eine arabische Festung zurück und wurde unter den christlichen Herrschern im 14./15. Jh. wiederhergestellt. Nach dem etwas mühsamen Aufstieg bietet sich ein großartiger Panoramablick.

Tgl. 10.30–18.30 (Sommer bis 19.30) Uhr • Eintritt 3 €

Convent de Sant Francesc

Vom ursprünglichen Franziskanerkloster von 1272 unterhalb der Burgruine blieben der malerische gotische Kreuzgang und der Kapitelsaal aus dem 15. Jh. erhalten.

Pl. Sant Francesc 18 • tgl. 10.30–18.30 (Sommer bis 19.30) Uhr • Eintritt 1,50 €

Esglesia de Santa María

Bei der Pfarrkirche (13./14. Jh.) handelt es sich um eines der schönsten Gotteshäuser in der Region Valencia. Ihre Hauptfassade weist zwei bemerkenswerte Portale auf: die Porta dels Apòstols (14. Jh.) und die kleinere Porta de les Verges (15. Jh.).

Pl. Arciprestal • tgl. 12–14 und 16–18 (Sommer 11–14 und 16–19 Uhr)

ÜBERNACHTEN

Rey Don Jaime

Schönes Altstadthaus • Gepflegte, komfortabel eingerichtete Zimmer, z. T. mit Aussicht auf die umliegende Bergwelt.

C. Juan Giner 6, Tel. 964 16 09 11 • www.reydonjaimemorella.com • 44 Zimmer • €€

ESSEN UND TRINKEN

Mesón del Pastor

Bodenständige Küche • Hier stehen Wild- und Pilzgerichte mit frischen Zutaten auf der Speisekarte. Gutes Preis-Leistungs-Verhältnis.

Cta. Jovaní 7 • Tel. 964 16 02 49 • www.hoteldelpastor.com • Do, So–Di 13–16, Fr/Sa 13–16, 21–23.30 Uhr • €€

EINKAUFEN

Pastor de Morella

Die »Formatxeria« (Käsehandlung) bietet eine große Auswahl an handgefertigtem Schafs- und Ziegenkäse aus dem Maestrat. Dem Geschäft ist ein Museum angeschlossen.

Barri Hostal Nou s/n

SERVICE

AUSKUNFT

Oficina de Turisme

Pl. de S. Miquel 3 • Tel. 964 17 30 32 • www.morella.net

◎ Vinaròs ▶ S. 113, E 2

27 000 Einwohner

Vinaròs ist ein Fischer- und Ferienort an der katalanischen Grenze. In der Stadt lohnt vor allem der Fischerhafen einen Besuch. Außerdem besitzt Vinaròs einen netten Strand und eine von Palmen gesäumte Promenade. Der Ort gilt als gastronomisches Zentrum der Re-

Morella – Vinaròs

Eine Wanderung zum ehemals heiß umkämpften Kastell von Morella (▶ S. 62) lohnt – das Panorama ist großartig und entschädigt für die Mühen des Aufstiegs.

gion. Seinen Namen (Katalan. vi = Wein, arròs = Reis) soll er den Hauptprodukten der Umgebung verdanken: Wein aus den flachen Hügeln des Hinterlands und Reis aus dem nördlich angrenzenden Ebrodelta. Hinter der ersten Häuserzeile ist die großzügige Plaza San Augustín Treffpunkt von Einheimischen wie Touristen. Letztere kommen meist ebenfalls aus Spanien. Ausländische Urlauber sieht man eher selten.

15 km nördl. von Peñíscola

ESSEN UND TRINKEN
Voramar

Exzellente Meeresfrüchte • Nostalgisches Lokal, in dem sich seit Jahrzehnten nichts verändert hat.
Pso. Colón 34 • Tel. 964 45 00 37 • Do–Di 13–16 und 20–23 Uhr, Nov. geschl. • €€

SERVICE
AUSKUNFT
Tourist Info Vinaròs
Pl. Jovellar 2 • Tel. 964 45 33 34 • www.vinaros.es

Die Costa Blanca
Lebhafte Ferienorte mit malerischen Altstädten und endlosen Stränden kennzeichnen die »weiße Küste«. Alicante ist eine erlebenswerte Stadt mit typisch mediterranem Flair.

◀ Von langen, feinen Sandstränden umgeben: das Ferienzentrum Benidorm (▶ S. 68) mit der Playa de Poniente.

Oft wird nur der Küstenabschnitt südlich von Valencia bis Torrevieja mit der Costa Blanca gleichgesetzt. In **Alicante** erinnern Ambiente und Lebensstil schon an Südspanien, hier spürt man die »mediterrane Lebenslust«. Hotelurlauber quartieren sich bevorzugt in **Benidorm** ein, einer gigantischen Ferienstadt mit großem Unterhaltungsangebot. Ein breiter Gebirgszug ragt weiter nördlich mit dem Cap de la Nau weit ins Mittelmeer hinein und trennt den Golf von Alicante vom Golf von Valencia. Rund um das Kap ist die Küste besonders abwechslungsreich mit felsigen Abschnitten und schönen Badebuchten. Während der Tourismus in **Denia** größere Ausmaße angenommen hat, sind andere Küstenorte in diesem Gebiet überschaubar geblieben. Im Hinterland liegen lohnende Ausflugsziele und schöne Wandergebiete. Südlich von Alicante befindet sich mit **Torrevieja** eine rasch wachsende Ferienstadt.

Alicante (Alacant)

▶ S. 116, C 12

330 000 Einwohner
Stadtplan ▶ S. 67

Alicante ist so etwas wie die heimliche Hauptstadt der Costa Blanca. Per Flugzeug landen hier fast alle Besucher aus dem Ausland, die irgendwo zwischen Denia und dem Mar Menor urlauben wollen. Tagesausflügler schnuppern das Flair, profitieren von den guten Einkaufsmöglichkeiten oder lassen sich in einem der Altstadtlokale kulinarisch verwöhnen. Den ganzen Urlaub verbringt allerdings kaum jemand hier, denn die Stadtstrände sind am Wochenende überlaufen.

SEHENSWERTES
Ayuntamiento
▶ S. 67, b 3

Im Inneren des Barockbaus aus dem 18. Jh. lohnt ein Blick auf die erste Treppenstufe: Dort gibt eine Metallplatte die Höhe des Meeresspiegels an. Sie war bis 1992 Grundlage aller Höhenmessungen in Spanien. Im ersten Stock ist der Blaue Salon (»Salón Azul«) mit Spiegelgalerie und Gemälden der königlichen Familie zu besichtigen.
Pl. del Ayuntamiento 1 • Mo–Fr 9–14 Uhr • Eintritt frei

WUSSTEN SIE, DASS ...

... die Höhenangaben auf alten Karten von Land zu Land um Zentimeter bis Dezimeter oder gar Meter variieren? Erst 1992 wurde europaweit ein einheitliches System geschaffen, das sich am Amsterdamer Pegel orientiert.

Castillo de Santa Bárbara
▶ S. 67, c 2

Die Festung (16. Jh.) erhebt sich auf dem **Monte Benacantil** (166 m) am Ostrand der Altstadt. Die Auffahrt mit dem Aufzug (gegenüber der

Platja El Postiguét) lohnt wegen der fantastischen Aussicht von oben.
Mitte März–Mitte Sept. tgl. 10–20, Mitte Sept.–Mitte März tgl. 9–19 Uhr • Eintritt frei, Aufzug 2,40 €

Concatedral de San Nicolás de Bari
▶ S. 67, b 3

Diese etwas schmucklose Kirche wurde im 17. Jh. im damals in Spanien aktuellen Herrera-Stil errichtet. Es handelt sich dabei um eine strenge, fast puristische Stilrichtung, die ein Gegengewicht zum vorher üblichen, überladenen Plateresk-Stil bildete. Der berühmte Architekt Herrera baute auch den Escorial bei Madrid. Seit 1959 trägt diese Kirche den Titel »Concatedral«, weil sie immer häufiger als Bischofskirche genutzt wird, obwohl sich der offizielle Sitz der Diözese in Orihuela befindet.
Pl. Abad Penalva 1 • tgl. 7.30–12.30 und 17.30–20.30 Uhr • Eintritt frei

Explanada de España ⑥
▶ S. 67, a 3

In den Kiosken entlang der Promenade bekommt man das beste Eis der Stadt. Palmen spenden Schatten, fliegende Händler breiten ihre Ware aus. Zum Meer hin wird die Explanada de España von der ausgedehnten **Marina de Alicante** begrenzt, an deren Stegen unzählige Segel- und Motorjachten sanft in den Wellen schaukeln. Jenseits der Hafenmole schließt die Platja El Postiguét an, der Beginn einer langen Strandzone im Osten der Stadt.

MUSEEN

Museo de Arte Contemporáneo de Alicante – MACA
▶ S. 67, b 3

Ein ehemaliger Kornspeicher von 1685 neben der Basílica de Santa María wird nach Abschluss der laufenden Renovierungsarbeiten das städtische Museum für Zeitgenössische Kunst beherbergen. Neben dem Maler und Bildhauer Eusebio Sempere (1923–1985) aus Alicante werden Eduardo Chillida, Joan Miró, Antoni Tàpies und Pablo Picasso vertreten sein.
Pl. de Santa María s/n

SPAZIERGANG

Ausgangspunkt ist die Plaza del Ayuntamiento, auf der jeden Sonntagvormittag ein Markt für alte Münzen, Postkarten und Bücher abgehalten wird. Ein Durchgang rechts neben dem Rathaus (Beschilderung »Barri Antic«) führt zur malerischen Plaza Santísima Faz.
Sie schlendern durch die Calle San Agustín. Am **Convento de las Monjas de la Sangre** gehen Sie links durch die Calle Montenegón und stehen mitten im Vergnügungsviertel. Geradeaus durch den Carrer de Sant Pasqual gelangen Sie zur **Concatedral**, die sich linker Hand erhebt. Hier lohnt ein kurzer Abstecher nach rechts in die Calle Labradores, die repräsentativste Straße der Altstadt. Früher wohnten hier die mächtigsten Familien Alicantes.
Sie kehren um zur Concatedral, in deren Nähe die Fassaden restaurierter Barockpaläste in frischem Glanz erstrahlen. Durch die Calle Muñoz geht es weiter. An deren Ende laufen Sie rechts durch die Calle Mayor, eine Fußgängerzone mit Straßenlokalen, die in die breite, von Palmen gesäumte **Rambla Nuñez Méndez** mündet. Gegenüber liegt der Portal d'Elx. Riesige Gummibäume spenden dem Platz mit einem hübschen Jugendstilpavillon Schatten. Am En-

de der Rambla gelangen Sie zur Explanada de España, um beliebig weiterzuflanieren.
Dauer: 1,5 Stunden

ÜBERNACHTEN

Hospes Amérigo ▶ S. 67, a 3

Spitzenhaus • Zentral im ehemaligen Dominikanerkloster untergebrachtes Hotel mit viel Atmosphäre, herausragender Gastronomie sowie Spa- und Wellnessbereich.
C. Rafael Altamira • Tel. 965 14 65 70 • www.hospes.com • 82 Zimmer • ♿ • €€€€

Mediterránea Plaza ▶ S. 67, b 3

Bestens gelegen • Zwischen Stadt und Strand. Die Zimmer sind komfortabel eingerichtet. Mit Terrasse, Sauna, Fitnessraum, Solarium und Parkplatz.
Pl. del Ayuntamiento 6 • Tel. 965 21 01 88 • www.eurostarsmediterraneaplaza.com • 50 Zimmer • ♿ • €€

ESSEN UND TRINKEN

Nou Manolín ▶ S. 67, a 2

Moderner Klassiker • Eines der renommiertesten Lokale der Region. Im Erdgeschoss die Bar, oben der

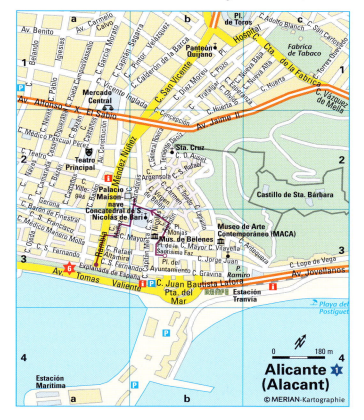

DIE COSTA BLANCA

MERIAN-Tipp

WEIN AUS MONÓVAR
▶ S. 116, A 11/12

An die Stadt Monóvar, 40 km westlich von Alicante, grenzt im Westen ein weitläufiges Weinbaugebiet, dessen Erzeugnisse mit den Ursprungsbezeichnungen D.O. Alicante und D.O. Jumilla in den Handel kommen. Spitzenweine keltert die **Bodega Salvador Poveda**, deren avantgardistisches Gebäude inmitten von Weinbergen steht. In begrenzter Menge wird in der hauseigenen Boutique der legendäre Fondillón verkauft, ein viele Jahre gereifter, süßer Dessertwein.
Ctra. CV-830 Monóvar-Salinas km 3 • Tel. 966 96 01 80 • www.salvadorpoveda.com

---

Speisesaal, im Keller eine gut bestückte Vinothek. Das Angebot richtet sich nach der Saison.
C. Villegas 3 • Tel. 965 20 03 68 • www.noumanolin.com • tgl. 13.15–16.15 und 20.15–0.15 Uhr • €€€

Mesón del Barrio ▶ S. 67, b 2
Spanisches Gasthaus • Typisches Lokal in einer Altstadtgasse in der Nähe des Palacio Maisonnave.
C. Labradores 17 • Tel. 965 21 98 46 • tgl. 12.30–17 und 20–1 Uhr • €€

O'pote Gallego ▶ S. 67, b 3
Galicische Spezialitäten • An den Tischen auf der Plaza Santísima Faz sitzt man am schönsten.
Pl. Santísima Faz 6 • Tel. 965 20 80 84 • Mi–Mo 10–16.30 und 20–24 Uhr • €

EINKAUFEN
La Alcaicería ▶ S. 67, a 3
Klassischer Kunsthandwerksladen, in dem das alte Spanien lebendig wird: Fächer, silberne Haarspangen, Keramikteller in verschiedenen Farben, aufwendige Stickereien.
C. Muñoz 6

SERVICE
AUSKUNFT
Tourist Info Alicante ▶ S. 67, a 2
Av. Rambla de Méndez Núñez 23 • Tel. 965 20 00 00 • www.alicanteturismo.com

Benidorm ▶ S. 117, D 11
73 000 Einwohner

Als »Maschine des Massentourismus« gilt Benidorm. In den über 300 Apartment- und Hoteltürmen der größten Touristenstadt auf dem spanischen Festland finden 60 000 Feriengäste Platz. Hohe Sonnenscheindauer und zwei wunderschöne Strände machten diese Entwicklung möglich. Schon 1956 wurde ein Bebauungsplan erlassen, der die Errichtung von Urlaubs-Wolkenkratzern vorsah. Benidorm expandierte in die Höhe, nicht in die Breite. Die meisten Urlauber kommen aus Spanien und Großbritannien. Bei deutschen Urlaubern war der »Hochhaus-Moloch« lange Zeit verpönt, liegt aber neuerdings wieder im Trend. Benidorm spricht junge Leute ebenso an wie Familien und Senioren. An der stark frequentierten Playa de Levante verläuft eine autofreie Uferpromenade, an die Hotels, Restaurants, Kneipen und Disco-Pubs grenzen. Die neueren Hotels stehen hinter der ruhigeren Playa de Poniente, allen voran das Wahrzeichen von Benidorm, der

Alicante (Alacant) – Benidorm

185 m hohe Turm des Gran Hotel Bali. Mit 52 Stockwerken ist es das höchste Hotel Westeuropas. Angesichts der Hochhäuser ringsum verblüfft die gut erhaltene Altstadt auf der felsigen Landzunge zwischen den beiden Stränden.

SEHENSWERTES
Balcón del Mediterráneo

Hinter der **Iglesia San Jaime** mit dem für die Costa Blanca typischen blauen Kuppeldach führt ein Durchgang zu dem mit blau-weißen Fliesen dekorierten, sechseckigen Aussichtspunkt. Man überblickt beide Strände der Ferienmetropole. Ab 11 Uhr vormittags kann man eine riesige Fontäne – der Landspitze vorgelagert – bewundern.

Terra Mítica 7

Der größte Vergnügungspark Europas. Kirmesattraktionen wie Achterbahn, Freifallturm und Geisterbahn wurden hier mit viel Wasserspaß angereichert. Das riesige Gelände ist in fünf Themenbereiche der Antike untergliedert: Ägypten, Griechenland, Rom, Iberien und »Die Inseln«. Restaurants und Bars sorgen für das leibliche Wohl.
Crt. Benidorm–Finestrat, Pda. del Moralet • www.terramiticapark.com • Mitte März–Juni, Mitte Sept.–Okt. tgl. 10–20, Juli tgl. 10–21, Aug.–Mitte Sept. tgl. 10–22 Uhr • Eintritt 34 €, Kinder 25,50 €

ÜBERNACHTEN
Gran Hotel Delfín

Überschaubar groß • An der Playa de Poniente in wunderschönem tropischem Garten. Im Juli und August Livemusikabende.
Av. Vicente Clorca Alós • Tel. 965 85 34 00 • www.granhoteldelfin.com • 92 Zimmer • €€€

Vom sechseckigen Aussichtspunkt Balcón de Mediterráneo (▶ S. 69) genießt man einen traumhaften Blick auf die Umgebung von Benidorm und das türkisblaue Meer.

Canfali

Im Herzen der Altstadt • Familiäres Haus. Von Bar und Terrasse hat man einen imposanten Blick auf die Bucht. Einfache Zimmer.
Pl. S. Jaime 5 • Tel. 965 85 30 40 • www.hotelesrh.com • 20 Zimmer • €€

ESSEN UND TRINKEN

Aurrera El Bodegón

Rustikaler Touch • Beliebte Tapas-Bar in der Altstadt, stets gut besucht. Geschmack und Preis stimmen. Typische Einrichtung mit dunklem Holzmobiliar.
Callejón de Santo Domingo • Tel. 966 80 92 97 • tgl. geöffnet • €€

La Cava Aragonesa

Mit Vinothek • Beliebtes Restaurant mit Tapas-Bar direkt im Zentrum der Altstadt.
Pl. de la Constitución • Tel. 966 80 12 06 • www.lacavaaragonesa.es • tgl. geöffnet • €€

AM ABEND

Benidorm Palace

Spektakuläre Tanzshow zum Abendessen oder auch danach. Reservierung online, Kartenverkauf an der Kasse Mo und Mi 10–20, Di, Do–Sa 10–22 Uhr.
Av. de Madrid (nahe Aqualandia/ Mundomar) • Tel. 965 85 16 60 • www.benidorm-palace.com • ab 20.30 Uhr geöffnet, Show um 22 Uhr, So, Mo und Mi geschl.

Disco KU

Riesige Diskothek mit Showprogramm und viel Animation.
Av. Comunidad Valencia 121 (N-332a) • http://kubenidorm.es • 24–8 Uhr

SERVICE

AUSKUNFT

Tourist Info Benidorm-Centro
Av. Martínez Alejos 16 • Tel. 965 85 13 11 • www.benidorm.org/turismo

Ziele in der Umgebung

◎ **Altea** ▸ S. 117, E 11
22 000 Einwohner

Die malerische Altstadt liegt auf einem Hügel, auf dem die Pfarrkirche **Nuestra Señora del Consuelo** mit einem blauen Kuppeldach »thront«. Durch schmale Treppengassen kann man gemütlich durch den Ort schlendern. In den winzigen weißen Häusern mit ihren schmiedeeisernen Balkonen verstecken sich Kunstgalerien und Läden mit geschmackvollem Kunsthandwerk. Altea ist ein angenehmer Ferienort – untypisch mal ohne Hochhäuser. Allerdings ist der Strand großenteils mit faustgroßen Kieseln bedeckt. Dafür gibt es eine schöne Uferpromenade mit Cafés und Restaurants. 11 km nordöstl. von Benidorm

SEHENSWERTES

Galería de Arte »Hoy y Mañana«

Kunstgalerie mit wechselnden Ausstellungen. Junge Künstler aus der Region finden hier ein Forum.
C. S. Pere 9 (neben der Touristeninformation) • Eintritt frei

ÜBERNACHTEN

Altaya

Mediterrane Ausstattung • An der Uferstraße in Hafennähe gelegen. Schöne helle Zimmer, zum Teil mit Meerblick. Alteas Sehenswürdigkeiten sind gut zu Fuß erreichbar.
C. S. Pere 28 • Tel. 965 84 08 00 • www.hotelaltaya.com • 24 Zimmer • €€€

Benidorm – Guadalest

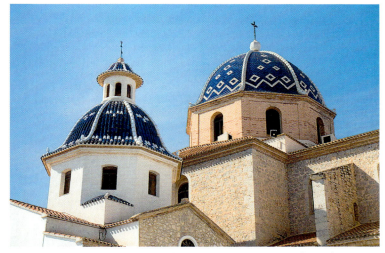

Die blau-weiße Kuppel der Pfarrkirche Nuestra Señora del Consuelo (▶ S. 70) setzt in der weißen Altstadt von Altea einen farblichen Akzent.

ESSEN UND TRINKEN
La Claudia
Designlokal für abends • Kreative mediterrane Küche, die auf saisonale Produkte setzt. Terrasse mit Blick über den Ort.
C. Santa Bárbara 4 • Tel. 965 84 08 16 • www.la-claudia.com • Sommer tgl. ab 19 Uhr, So/Feiertag auch mittags, im Winter nur Fr/Sa • €€€

Oustau de Altea
Liebevoll dekoriert • Zeitgemäß rustikales Altstadtlokal mit drei Speisesälen und luftiger Terrasse.
C. Mayor 5 • Tel. 965 84 20 78 • www.oustau.com • tgl. 19.30–24 Uhr, Okt.–Juni Mo und Feb. geschl. • €€

SERVICE
AUSKUNFT
Tourist Info Altea
C. S. Pere 9 • Tel. 965 84 41 14 • www.ayuntamientoaltea.es

◎ Fuentes del Algar 🕈🕈
▶ S. 117, E 10

Idyllisch gelegene, von Oleanderbüschen umgebene Kaskaden und Quelltöpfe in ausgewaschenem Kalkgestein. In dem kristallklaren, grünlich schimmernden Wasser der »Tolls« (Bassins), die sich jeweils oberhalb der Wasserfälle gebildet haben, kann man wunderbar baden. Kinder werden besonders am obersten See, dem **Toll de la Parra**, ihre Freude haben.
Tgl. bis Sonnenuntergang • Eintritt 3 €, Kinder 1,50 €
15 km nördl. von Benidorm

◎ Guadalest
▶ S. 117, D 10
200 Einwohner

Wie ein Adlernest schwebt Guadalest auf einem Felsklotz. Eine kurvige, aber gut ausgebaute Gebirgsstraße führt dorthin. Am Ortseingang können riesige Parkplätze Hunderte von Autos aufnehmen. Sind viele Busse unterwegs, lässt sich der Charme des winzigen Gebirgsnestes nur erahnen. Stiller ist es in der Nebensaison. Ein breiter Pflasterweg führt durch ein Felstor in den alten Ortsteil. Vom Rathausplatz sowie von der noch höher gelegenen Burg bietet sich ein herrlicher Blick auf den **Embalse de Guadalest** (Stausee) und die umgebende Bergwelt mit zahlreichen Wandermöglichkeiten. 23 km nordwestl. von Benidorm

ESSEN UND TRINKEN
Nou Salat

Alles frisch zubereitet • Auf der schönen Terrasse mit Blick auf Guadalest genießt man einen Aperitif, bevor man sich der beeindruckenden Speisekarte zuwendet. Ausgefallene Kombinationen.
Crt. Callosa–Guadalest, km 11 • Tel. 965 88 50 19 • Do–Di 13.30–16 und 20.30–22.30 Uhr, Mo nur mittags • €€

EINKAUFEN

In Guadalest führt fast jedes Haus einen Andenkenladen. Viele verkaufen Honig aus der Umgebung und verschiedene Liköre, z. B. »Mistela«, außerdem gehäkelte Tischläufer und Sets aus der angrenzenden Sierra de Aitana.

◎ Polop   ▸ S. 117, D 11
1900 Einwohner
Der Ort am Rande der Sierra de Aitana ist überaus attraktiv. Saubere Gassen mit weiß getünchten Häusern und Blumenschmuck charakterisieren die ruhige Altstadt. Hier und da verstecken sich Antiquitätenhandlungen und Kunstgalerien.
13 km nördl. von Benidorm

SEHENSWERTES
Fonts dels Xorrets

Gespeist aus der Bewässerungsanlage einer landwirtschaftlichen Kooperative, sprudeln die **Chorros de Polop** aus 221 bronzenen Löwenköpfen in einen hufeisenförmig um einen Platz verlaufenden Kanal. Fliesenbilder mit den Wappen der angrenzenden Gemeinden verzieren das Ensemble. Man kann sich auf einer Bank niederlassen und dem Rauschen des Wassers lauschen.
Pl. de les Fonts

ESSEN UND TRINKEN
Ca l'Ángeles

Bewahrte Tradition • Ángeles, die Mutter des Restaurant-Chefs Paco Teuler, kocht nach mündlich überlieferten Familienrezepten.
C. Gabriel Miró 16 • Tel. 965 87 02 26 • Di sowie Mitte Juni–Mitte Juli geschl., außer Fr/Sa und Juni–Sept. nur mittags geöffnet • €€

EINKAUFEN
Cerámica y Antigüedades

Geschmackvolle Keramik. Teller, Schalen und Krüge sind dekorativ bemalt. Außerdem Antiquitäten.
C. Gabriel Miró 40

◎ Villajoyosa (La Vila Joiosa)
▸ S. 117, D 11
28 000 Einwohner
In Villajoyosa liegt die größte Fischereiflotte der Costa Blanca. Gegen 17 Uhr füllt sich das Hafenbecken, und die Fischversteigerung beginnt. Im Fischerviertel Arsenal hat sich die typische traditionelle Bauweise der Region erhalten. Die dicht stehenden Häuser am Paseo del Doctor Esquerdo, der von Palmen gesäumten Uferpromenade,

sind mit lebhaft bunten Fassaden in Grün, Indigo und Ocker versehen. Auf einem Hügel in Küstennähe liegt der von mächtigen Stadtmauern umgebene mittelalterliche Ortskern, aus dem eine gotische Wehrkirche herausragt. Villajoyosa ist auch als »Schokoladenstadt« bekannt. Einige Betriebe stellen Schokolade nach seit Jahrhunderten überlieferten Rezepten her.
10 km südwestl. von Benidorm

MUSEEN
Museo del Chocolate
Der Schokoladenfabrik Valor angeschlossen, schöne Dokumentation der Produktionsgeschichte anhand von Maschinen und Werkzeugen.
C. Batalla de Lepanto s/n (Richtung Benidorm) • www.valor.es • Mo–Fr 10–13 und 16–19, Sa 10–13 Uhr, Einlass jeweils zur vollen Stunde • Eintritt frei

Museu de la Vila
Das Museum befasst sich mit der Stadtgeschichte, beginnend mit der iberischen Zeit bis hin zur Moderne. So sind Utensilien zur Schokoladenherstellung und Gerät der Fischer und der Hersteller von Netzen und Bootstauen zu sehen.
C. Barranquet 4 • Tram: Creueta • www.museusdelavilajoiosa.com • Di–Fr 10–13 und 17–20, Sa/Feiertag 10–13 Uhr • Eintritt 3 €

ESSEN UND TRINKEN
Hogar del Pescador
Seafood vom Feinsten • Hervorragende Adresse für Fisch und Meeresfrüchte. Angenehme Einrichtung. Die Weinkarte präsentiert eine gute Auswahl regionaler Weine.
Av. del País València 33 • Tel. 965 89 00 21 • www.hogardelpescador.com • Fr/Sa und Juli/Aug. auch abends geöffnet, sonst nur mittags • €€

Vorwitzig thront der Glockenturm der Kirche La Asuncíon auf einem Fels.
Den Ortskern von Guadalest (▶ S. 71) erreicht man nur durch ein Tor im Berg.

EINKAUFEN

Clavileño 🍴🍴

Schokolade aus Villajoyosa zum Probieren und Kaufen. Dem Laden ist ein Museum angeschlossen.
C. Colón 187 • www.chocolates clavileno.com

SERVICE

AUSKUNFT
Tourist Info La Vila Joiosa

Av. País Valencià 10 • Tel. 966 85 13 71 • www.lavilaturistica.com

Denia (Dénia) ▸ S. 117, E 10

41 000 Einwohner

Beliebt besonders bei deutschen Besuchern ist Denia. Man wohnt hier meist im eigenen oder gemieteten Ferienhaus. Denia verfügt über einen Sportboothafen und schöne, zwischen Steilklippen eingebettete Strände. In der Umgebung dehnen sich Orangenplantagen, Weinberge und Kiefernwälder aus. Die Stadt selbst ist recht betriebsam. Vom Hafen starten Fährschiffe nach Ibiza. Dahinter ragt ein Burghügel mit schöner Aussicht auf Stadt und Hafen auf. Lebhaft geht es am Vormittag in der **Calle Marqués de Campo** zu. Die Platanenallee säumen zahlreiche Cafés und schmucke Läden. Sie mündet in die Glorietta País Valencia. Auf dem Platz kann man zwischen begonienumrankten Pergolen an den Tischen der Cafés Platz nehmen. Boutiquen reihen sich im angrenzenden Carrer del Cop.

SEHENSWERTES

Castillo de Denia

Die Burg aus dem 11./12. Jh. wurde von den Mauren gebaut. Um 600 v. Chr. soll hier von griechischen Händlern, die Denia gründeten, ein Tempel für die Göttin Artemis (die römische Diana, von der sich wohl der Ortsname ableitet) errichtet worden sein. Im Castell ist ein **Archäologisches Museum** mit Funden aus der Römerzeit untergebracht. Nachts ist die Burg romantisch beleuchtet.
Eingang am C. S. Francesc • www. castillosnet.org • Dez.–Feb. geschl. • Eintritt 3 €, Kinder 8–14 Jahre 1 €

Mercado Municipal

In der Markthalle wird alles geboten, was eine mediterrane Küche braucht. Für durstige Kehlen stehen einfache Bars bereit, wo sich die Männer treffen, während ihre Frauen einkaufen. Am Freitag ist das Angebot an Obst und Gemüse am größten, dann gibt es auch draußen vor der Halle Verkaufsstände.
C. Magallanes s/n • Mo–Sa 7–14 Uhr

MUSEEN

Museo Etnológico

Ethnologisches Museum in schönem alten Stadthaus, das sich dem Denia des 19. Jh. widmet. Damals war die Rosinenverarbeitung und der Vertrieb der getrockneten Beeren die Haupteinnahmequelle der Stadt.
C. dels Cavallers 1 • Di–Sa 10.30–13 und 16–19, So 10.30–13 Uhr • Eintritt frei

ÜBERNACHTEN

Los Ángeles

Gediegener Klassiker • Am Strand Las Marinas. Geschmackvoll eingerichtete Zimmer, ausgezeichneter Service, schöner Garten, Tennisplatz.
Playa las Marinas km 4 • Tel. 965 78 04 58 • www.hotellosangeles denia.com • 69 Zimmer • €€€

Abendstimmung auf der Calle Marqués de Campo in Denia (▶ S. 74): Einheimische und Urlauber flanieren unter Platanen oder sitzen in einem der hübschen Cafés.

Loreto
Stilvoll • Gemütliche Stadtunterkunft mit schönem Innenhof.
C. Loreto 12 • Tel. 966 43 54 19 • www.hostalloreto.com • 43 Zimmer • €

ESSEN UND TRINKEN
La Barqueta
Im Fischerviertel • Geräumiges zweistöckiges Lokal, von oben schöner Meerblick. Bekannt für regionale Backfischspezialitäten und Reisgerichte.

C. Bellavista 10 • Tel. 966 42 16 26 • www.grupoelraset.com • tgl. geöffnet €€€

AM ABEND
Im Juli und August werden an einigen Abenden Livekonzerte im Castillo veranstaltet.

SERVICE
AUSKUNFT
Tourist Info Denia
Pl. Oculista Buiges 9 • Tel. 966 42 23 67 • www.denia.net

DIE COSTA BLANCA

> **MERIAN-Tipp**
>
> **STIERTREIBEN BOUS A LA MAR**
> ▶ S. 117, E 10
>
> Eine unblutige Alternative zum auch in Spanien umstrittenen Stierkampf wird jeden Sommer in Denia geboten. Die Hafenmauer wird in der zweiten Juliwoche, während des Patronatsfestes »Santísima Sangre de Cristo«, zum Schauplatz des ungewöhnlichen Spektakels. Über die Calle Marqués de Campo werden Stiere, aber auch Kühe einzeln in eine Arena gedrängt, die zum Meer hin offen ist. Beherzte junge Männer, die »corredores«, treiben die Stiere nun vor sich her. Mutige Zuschauer stellen sich ihnen in den Weg und suchen, wenn es brenzlig wird, Schutz im Wasser. Häufig landen auch Stier und Treiber gemeinsam im Hafenbecken.
> Denia, am Hafen

Ziele in der Umgebung

◎ Benissa ▶ S. 117, E 10

12 500 Einwohner

Benissa liegt im Bergland hinter dem Cap de la Nau. Abseits des Trubels am Meer lohnt die malerische Altstadt durchaus einen längeren Besuch. Schmiedeeiserne Balkone und Fenstergitter schmücken die Häuser. Die schönsten Straßen sind die Calle de la Purísima und die Treppengasse Carrer de l'Àngel.
25 km südl. von Denia

SEHENSWERTES
Iglesia de la Purísima Xiqueta
Die Kirche aus dem 15./16. Jh., um die Jahrhundertwende im neugotischen Stil renoviert, heißt wegen der gewaltigen Dimensionen im Volksmund »Kathedrale«. An der Kirchhofmauer sind die Kreuzwegstationen Christi auf handbemalten Fliesen dargestellt.
C. de la Purísima

ÜBERNACHTEN
Cases de Sant Jaume
Modernes Landhotel • In ruhiger Umgebung. Ansprechende Außenanlagen mit Pool.
Pda. Paratella 44 • Tel. 966 49 90 75 • www.hotelcasesdesantjaume.com • 26 Zimmer • ♿ • €€

ESSEN UND TRINKEN
Casa Cantó
Gehobener Anspruch • Einheimische Küche auf hohem Niveau. Große Auswahl an Fisch, Meeresfrüchten und Reisgerichten.
Av. del País Valencia 237 • Tel. 965 73 06 29 • www.casacanto.com • So und Nov. geschl. • €€

SERVICE
AUSKUNFT
Tourist Info Benissa
Av. del País Valencià 1 • Tel. 965 73 22 25 • www.benissa.net

◎ Calpe (Calp) ▶ S. 117, E 11

26 400 Einwohner

Der neue Teil von Calpe konzentriert sich an der Küste entlang belebter Strände. Zwischen dem markanten, 332 m hohen Felsen **Penyal d'Ifac** (Peñon de Ifach), dem Wahrzeichen der Costa Blanca, und dem Ortskern erstreckt sich die Playa Arenal-Bol. Nördlich des Penyal liegt die Playa de Fosse (auch Playa de Levante).
32 km südl. von Denia

SEHENSWERTES
El Arrabal
Der alte Ortsteil geht auf die Mauren zurück. Enge, verwinkelte Gassen ziehen sich entlang der gepflegten, weiß getünchten Häuserfassaden. Neben der Pfarrkirche **Nuestra Señora de la Virgen** steht die alte Kirche (Iglesia antigua) aus dem 15. Jh. In der Nähe Reste der alten Stadtmauer mit dem Wehrturm **Torreón de la Peça**.

Parc Natural del Penyal d'Ifac 8
Der 332 m hohe Penyal wurde 1987 zum Naturpark erklärt. Im Centro de Información (Informationszentrum) erfährt man Wissenswertes über die reiche Pflanzenwelt des Felsens, die der mediterranen Küstenmacchie angehört, und die mehr als 80 hier nistenden Vogelarten. Am Zentrum beginnt ein markierter Wanderweg zum Gipfel (Dauer mit Rückweg ca. 3 Std.).
C. Illa de Formentera • http://parquesnaturales.gva.es • Sa und So 9.30–14.30, Sommer Mo–Fr 8.30–14.30, Winter Mo–Fr 9–14, Di/Do auch 16–17.30 • Eintritt frei

ÜBERNACHTEN
Galetamar
Ferienhotel • Zimmer, Apartments und Bungalows. Komfortable Ausstattung. In der Nähe des Levante-Strandes.
La Caleta 28 • Tel. 965 83 23 11 • www.galetamar.com • 113 Zimmer • €€€

ESSEN UND TRINKEN
El Bodegón
Kastilischer Stil • Gut geführtes rustikales Restaurant, das sich auf regionale Schmor- und Reisgerichte sowie fangfrischen Fisch spezialisiert hat. Große Auswahl an spanischen Weinen.
C. Delfín 4 • Tel. 965 83 01 64 • www.bodegon-calpe.com • Mo–Sa 13–16 und 19–23, So 19–23 Uhr, Nov.–Juni So geschl. • €€

SERVICE
AUSKUNFT
Tourist Info Calpe-Centro
Pl. del Mosquit • Tel. 965 83 85 32 • www.calpe.es

◉ Jávea (Xàbia) ▶ S. 117, F 10
27 000 Einwohner
Jávea liegt in einer Bucht mit herrlichem Sandstrand zwischen dem **Cap de Sant Martí** und dem **Cap Sant Antoni**. Wahrzeichen des Ortes sind die zwölf alten Windmühlen auf der Anhöhe oberhalb des Hafens. Die Küste in der Umgebung ist durch Felsen, Höhlen, Steilküsten und versteckte Buchten oft noch sehr ursprünglich. In der Nähe des **Cap de la Nau** liegen die schöne Playa Granadella und der FKK-Strand Ambolo.
8 km südöstl. von Denia

SEHENSWERTES
Casc Antic
Die Straßen der etwas landeinwärts gelegenen Altstadt sind gesäumt von gut erhaltenen Herrenhäusern mit geschmückten Balkonen und kunstvollen, schmiedeeisernen Fenstergittern. Der gotischen **Església de Sant Bartomeu** (15. Jh) ist anzusehen, dass sie nicht nur seelsorgerischen, sondern auch militärischen Zwecken – als Wehrkirche – diente. Als eigenwilliges, modernes Gegenstück steht in Hafennähe die **Església de l'Oreto** aus dem Jahr 1967.

Am Ende landen meist alle gemeinsam im Wasser: Stiertreiben Bous a la mar
(▶ MERIAN-Tipp, S. 76) in der zum Meer offenen Arena am Hafen von Denia.

MUSEEN
Museu Arqueològic i Etnogràfic Municipal »Soler Blasco«
Archäologisches und ethnografisches Museum in einem Palast aus dem 15. Jh. Es zeigt Repliken des »Schatzes von Jávea« aus iberischer Zeit. Die Originale befinden sich in Madrid.
Pl. dels Germans Segarra 1 • www.ajxabia.com • Di–Fr 10–13 und 17–20 (Juli–Sept. 18–21), Sa/So/Feiertag 10–13 Uhr • Eintritt frei

ÜBERNACHTEN
El Rodat
Ruhige Lage • Richtung Cap de la Nau, großzügige und komfortabel eingerichtete Zimmer und Suiten. Pool, Fitnessraum, Wellnessbereich mit Dampfbad und finnischer Sauna. Ideal für Familien oder Gruppen sind die zum Hotel gehörenden Bungalows mit eigenem Garten.
C. de la Merciana 9 • Tel. 966 47 07 10 • www.elrodat.com • 42 Zimmer • €€€

Parador de Jávea
Von Palmen umgeben • Edles staatliches Hotel. Schöner Garten direkt am Meer.
Av. Mediterráneo 233 • Tel. 965 79 02 00 • www.parador.es • 70 Zimmer • ♿ • €€€

ESSEN UND TRINKEN
Chez Ángel
Feinschmeckerlokal • Eine vielseitige Speisekarte und das gute Preis-Leistungs-Verhältnis zeichnen dieses Restaurant aus. Der Speisesaal hinter der Bar ist klassisch eingerichtet. Familiäre Atmosphäre. Rauchen erlaubt.
Av. del Plà 143 • Tel. 966 46 24 11 • Di und Mitte Jan.–Mitte Feb. geschl. • €€

SERVICE

AUSKUNFT
Tourist Info Xábia-Centro

Pl. de la Iglesia 4 • Tel. 965 79 43 56 •
www.xabia.org

◎ Teulada-Moraira

▶ S. 117, E/F 10

15 000 Einwohner

Das hübsche Dorf Teulada liegt 6 km landeinwärts. Mit engen, verwinkelten Gassen erinnert der Ort an die maurische Vergangenheit. In die wehrhafte Iglesia Santa Catalina aus dem 16. Jh. zogen sich die Ortsbewohner bei Piratenüberfällen zurück. Mittwochs findet der typische »mercadillo« (Markt) statt, wo alles für den täglichen Gebrauch angeboten wird. Ein Flohmarkt wird am Sonntag veranstaltet.

Der Ortsteil Moraira am Meer war noch ein armes Fischernest, als sich anderswo längst der Tourismus entwickelte. Heute besitzt er einen der besten Sportboothäfen der Region. Wegen der dennoch eher abgeschiedenen Lage und der schönen Playa de l'Ampolla hat sich Moraira zu einem ruhigen, sympathischen und zugleich fast mondänen Ferienort entwickelt. Bei deutschen Residenten und Urlaubern ist er besonders beliebt.

20 km südl. von Denia

ÜBERNACHTEN
Gema

Familiäres Ambiente • Ruhig und strandnah, umgeben von mediterraner Vegetation. Die meisten Zimmer mit schönem Ausblick. Garten mit Pool.

Estaca de Bares 11 • Tel 966 49
88 40 • www.gemahotel.com •
39 Zimmer • €€

ESSEN UND TRINKEN
La Bona Taula

Elegant gestylt • Das Restaurant hat eine schattige Terrasse mit schönem Küstenblick. Auf der Karte stehen Edelfische und Meeresfrüchte.

Ctra. de Calp km 1,5 • Tel. 966 49
02 06 • www.bonataula.com • Di–So
13–15.30 und 19–22.30 Uhr •
€€€€

SERVICE

AUSKUNFT
Tourist Info Teulada

Ctra. Moraira-Teulada 51 • Tel. 965 74
51 68 • www.teulada-moraira.es

Elche (Elx)

▶ S. 116, B 12

208 000 Einwohner

Stadtplan ▶ S. 81

Berühmt ist Elche für seinen Palmenwald, den größten Europas. Die UNESCO erklärte den **Palmeral d'Elx** zum Welterbe der Menschheit. Rund 200 000 Dattelpalmen wachsen am linken Ufer des **Río Vinalopó** in einem Gürtel rings um die sehenswerte Altstadt. Schon die Mauren hatten im Mittelalter ausgedehnte Palmenhaine in Elche angelegt und ein ausgeklügeltes Bewässerungssystem eingeführt. Bis heute spielt die Dattelproduktion eine große Rolle. Die Palmsonntagsprozession ist hier besonders eindrucksvoll.

WUSSTEN SIE, DASS...

... die echte Dattelpalme aus Vorderasien stammt und nach Spanien erst durch den Menschen gelangte? Von den weltweit 2800 Palmenarten sind in Europa nur die Kreta-Dattelpalme und die Zwergpalme heimisch.

SEHENSWERTES

Baños árabes ► S. 81, b 2

In den Kellergewölben des **Convent de la Mercè** befinden sich die restaurierten arabischen Bäder aus dem 12. Jh. Ähnlich wie in römischen Thermen gab es ein »Frigidarium« (Abkühlraum), ein gemäßigt temperiertes »Tepidarium« und das »Caldarium«, ein heißes Dampfbad.
Psg. de les Eres de Sta. Llúcia 13 • Di–Sa 10–13.30 und 16.30–20, So/Fei 10.30–13.30 Uhr • Eintritt 1 €

Basílica de Santa María ► S. 81, b 2

Im 17./18. Jh. auf den Ruinen einer maurischen Moschee erbaut, gilt sie als eine der schönsten Barockkirchen weit und breit. Ihr Hauptportal an der Plaza de Santa María und die Fassade wurden von dem Straßburger Künstler Nikolaus Bussi geschaffen. Die Fenster der Kuppel zeigen Szenen aus dem sakralen Mysterienspiel **Misteri d' Elx** (► S. 23).
Pl. del Congrés Eucaristic • tgl. 7–13.30 und 17.30–21 Uhr, Turm tgl. 11–19 (im Winter bis 18 Uhr) • Eintritt frei, Turm 2 €

Huerto del Cura ⑨ ► S. 81, c 3

Der Garten ist ein Schmuckstück, mit viel Liebe zum Detail. Selbst im Hochsommer ist es hier immer angenehm kühl. Man folgt einem ausgewiesenen Rundweg (an der Kasse gibt es eine Kassette mit spanischen oder englischen Erläuterungen) oder lässt sich einfach treiben. Im Mittelpunkt steht die »**Kaiserpalme**« mit acht Stämmen, in die sich der Hauptstamm erst in 1,5 m Höhe aufteilt. Sie erhielt ihren Namen anlässlich eines Besuchs der Kaiserin Elisabeth von Österreich (»Sisi«), an die eine Büste erinnert. Zwei besonders majestätische Dattelpalmen tragen die Namen des spanischen Königspaars, Juan Carlos und Sofía. Aber es gibt nicht nur Palmen im Jardín Huerto del Cura, sondern auch zahlreiche andere Gewächse in der umfangreichen Sukkulentenabteilung: Kakteen, Euphorbien, Yuccas und Drachenbäume. Außerdem Zitronen- und Orangenbäume sowie Granatapfel- und Johannisbrotbäume, und auch Artischocken. Bunte Blumenbeete und diverse Skulpturen schmücken den Garten, u. a. die moderne Drehfigur »Der Turm zu Babel«. Vor allem aber gibt es viel Wasser – in Form von kleinen Springbrunnen, schmalen Bächen oder Seerosenteichen.
Pta. de la Morera 49 • Nov.–Feb. tgl. 9–18 Uhr, sonst abhängig vom Sonnenuntergang bis 19 oder 21 Uhr • Eintritt inkl. Audioguide 5 €, Kinder 2,50 €

MUSEEN

Museu Arqueològic i d' Historia d'Elx ► S. 81, a 2

Städtisches Archäologisches Museum im ehemals maurischen Palacio de Altamira. Mauerteile aus dem 11. Jh. sind am Fundament des großen Turms erhalten. Der größte Teil des Palastes stammt aus dem 15./16. Jh. Unter den Exponaten aus iberischer und römischer Zeit ist die Hauptattraktion eine Kopie der **Dama de Elche**, einer iberischen Frauenbüste aus dem 4. oder 3. Jh. v. Chr., die in La Alcúdia bei Elche gefunden wurde. Vermutlich ist eine Priesterin im Kultgewand dargestellt. Das Original befindet sich im Archäologischen Nationalmuseum in Madrid.

C. Diagonal del Palau 7 • Di–Sa 10–13.30 und 16.30–20, So/Feiertag 10.30–13.30 Uhr • Eintritt 3 €, Kinder frei

Museu Municipal de la Festa

▶ S. 81, a 2

Dem **Misteri d'Elx** gewidmet (▶ S. 23). In zwei Ausstellungsräumen werden Kostüme und Requisiten, die bei der Aufführung zum Einsatz kommen, gezeigt. Zum Museum gehört die schlichte Kirche Sant Sebastià aus dem 15. Jh.
C. Major de la Vila 25 • Di–Sa 10–13.30 und 16.30–20 (Sommer 17–20.30), So/Feiertag 10–13 Uhr • Eintritt 3 €, Schüler 1 €

SPAZIERGANG

An der Touristeninformation am **Parque Municipal** (Stadtpark) geht es los. Durch den Carrer Diagonal del Palau laufen Sie Richtung Westen zum **Palacio de Altamira**. Vor dem Palast sorgen mehrere Reihen von Springbrunnen für Abkühlung. Gegenüber gelangen Sie zur Plaça del Congrés Eucaristic mit der **Basílica de Santa María**. Quer über den Platz gehen Sie entlang der Basilika zur **Torre de la Calahorra**. Der Turm diente im Mittelalter der Verteidigung der Stadt. Links an der Plaça de la Mercè steht das **Convent de la Mercè** (14. Jh.). Von hier aus gehen Sie durch den Carrer Empe-

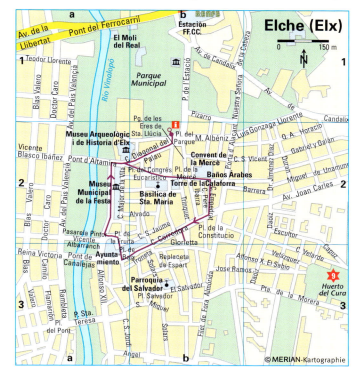

DIE COSTA BLANCA

drat, der abendlichen Amüsiermeile. Am Carrer Corredora biegen Sie rechts und dann gleich links ab zur Glorietta, einem schönen Platz mit Blumenschmuck und gefliesten

Zahlreich vertreten: Kakteen im Jardín Huerto del Cura in Elche (▸ S. 80).

Bänken unter Palmen. In den Straßencafés kann man ein wenig pausieren. Eine Kopie der Büste der **Dama de Elche** (▸ S. 80) ziert die Glorietta. Sie folgen dem Carrer Corredora weiter bis zum Rathaus an der Plaça de Baix. Nach Durchschreiten des Torbogens unter dem Rathaus kommen Sie an die Plaça de la Fruita mit der zentralen **Markthalle**. Sie überqueren die Plaça Menendez y Pelayo und wenden sich dem Río Vinalopó zu. Dort gehen Sie rechts zurück zum Palacio de Altamira und weiter zum Ausgangspunkt am Parque Municipal.
Dauer: 1,5 Stunden

ÜBERNACHTEN
Huerto del Cura ▸ S. 81, c 3
Individueller Luxus • Edles Vier-Sterne-Hotel. Alle Zimmer im Bungalowstil in einer mit Palmen bewachsenen Gartenanlage. Pool, Fitnessraum, Tennis und Sauna.
Pta. de la Morera 14 • Tel. 966 61 00 11 • www.huertodelcura.com • 81 Zimmer • €€€

ESSEN UND TRINKEN
La Cueva ▸ S. 81, c 3
Fleisch vom Grill • Spezialitäten: Spanferkel, Milchlamm, Steak auf dem heißen Stein. Ideal nach dem Besuch des Huerto del Cura.
C. Velarde 38 • Tel. 965 45 15 86 • www.restaurantelacuevaelche.com • Mo–Do 13–15, Fr 13–15 und 20.30–23.30, Sa 20.30–23.30, So 13–15 Uhr • €€

EINKAUFEN
Mehrere Läden in der Puerta de la Morera (beim Huerto del Cura) verkaufen Datteln und andere Trockenfrüchte in allen Variationen. Den berühmten Dattellikör »**Dátil Grano d'Oro**« gibt es im Shop des Huerto del Cura zu kaufen.

AM ABEND
Café París ▸ S. 81, b 2
Gegenüber der Basilika werden Cocktails und Champagner in diesem pompösen Szenelokal ausgeschenkt. Auch tagsüber ein Tipp für Eis oder Kaffee und Kuchen.
Pl. del Congrés Eucaristic

SERVICE
AUSKUNFT
Tourist Info Elx ▸ S. 75, b1/2
Pl. del Parque 3 • Tel. 966 65 81 96 • www.turismedelx.com

Gandía ► S. 117, D 9

74 000 Einwohner

Obwohl Gandía ein großes Touristenzentrum ist, hat es sich einigen Charme bewahrt. An der Küste, bei der Mündung des **Río Serpis**, liegt der Hafen **El Grau**. In ihm finden Handelsschiffe, Fischerboote und Jachten Platz. Nachmittags gegen 17 Uhr, nachdem die Fischer mit ihrem Fang eingelaufen sind, findet in der »Lonja de los Pescadores« an der Fischereimole eine Fischversteigerung statt. Nördlich von El Grau erstreckt sich entlang des Sandstrandes eine großzügige Sommerstadt. Die teilweise luxuriösen Ferienhäuser stehen in schönen Parkanlagen. Etwa 3 km landeinwärts liegt der eigentliche Ort. Gandía war einst Hauptstadt eines Herzogtums, das unter der Familie Borja im 15. und 16. Jh. seine Glanzzeit erlebte. Ein Spross dieser Familie, Rodrigo Borja (ital. Borgia), wurde als Alexander VI. Papst.

WUSSTEN SIE, DASS...

... der aus Gandía stammende Papst Alexander VI. eine illegitime Tochter namens Lucrezia hatte? Sie galt als Femme fatale und inspirierte Gaetano Donizetti zu seiner Oper »Lucrezia Borgia«.

SEHENSWERTES

Palau Ducal dels Borja

Der im gotischen und Renaissancestil erbaute Palast der Herzöge von Borja ist im Rahmen von Führungen zu besichtigen. Im Inneren stellt der sogenannte Waffenhof ein schönes Beispiel für die gotische Architektur der spanischen Ostküste dar. Ein Museum zeigt Reliquien des hl. Franziskus von Borgia. Die Jesuiten betreiben heute eine Schule in dem Palais.

C. Duc Alfons el Vell 1 • www.palau ducal.com • Mo–Sa 10–14 und 15–19, So/Feiertag 10–14 Uhr • Eintritt 4,50 €, Kinder 2,50 €

ESSEN UND TRINKEN

Kayuko

Reis und Meeresfrüchte • Im Hafenviertel El Grau. Typische Küche der Region mit hochwertigen Produkten. Serviert wird auch auf der Terrasse und im Garten.

C. Asturias 23 • Tel. 962 84 01 37 • Di–Sa 13–16 und 20.30–23.30, So 13–16 Uhr • €€

SERVICE

AUSKUNFT

Tourist Info Gandía

Av. Marqués de Campo • Tel. 962 87 77 88 • www.gandia.org

Torrevieja ► S. 119, E 14

100 000 Einwohner

Der beliebte Ferienort ist von Apartment- und Bungalowsiedlungen umgeben, in die sich viele Deutsche eingekauft haben. Seit dem Jahr 2000 hat die Stadt ihre Einwohnerzahl verdoppelt. Gelebt wird in Torrevieja im Sommer vor allem auf der großzügigen Meerespromenade. Eigentliches Herzstück des Ortes ist die mit Palmen bepflanzte Plaza de la Constitución, Treffpunkt der Einheimischen. Der Handel mit dem in den benachbarten Salinen gewonnenen Salz bringt Torrevieja über den Tourismus hinaus verlässliche Einnahmen. Der Ort gilt als größtes Zentrum der Salzgewinnung in

DIE COSTA BLANCA

Europa. Eine Besonderheit der Stadt ist das **Habaneras-Festival** im August (▸ S. 23).

SEHENSWERTES

Iglesia de la Inmaculata Concepción

Die Pfarrkirche wurde erst 1844 errichtet. Im Inneren glänzt ein Altaraufsatz der Empfängnismadonna.
Pl. de la Constitución

Lonja

Früher transportierte man das Salz von den Salinen mit einer Lorenbahn zum Hafen. Unterwegs wurde es in der »**Lonja**«, der Salzbörse, gewogen.
Nahe der Calle Urbano Arreguí

MUSEEN

Museo del Mar y de la Sal

Interessante Ausstellungsstücke zur Seefahrt und Salzgewinnung, aber auch Funde aus der Römerzeit wie Amphoren oder Anker. Schwarz-Weiß-Fotos erinnern an die früheren Zeiten des Salzabbaus. Demnächst soll das Museum in einen Neubau an der alten Salzverladestelle Eras de la Sal umziehen.
C. Patricio Pérez 10 • Mo 9.30–14.30, Di–Fr 9.30–14.30 und 17–21, Sa 10–13 und 17–21, So 10–13 Uhr • Eintritt frei

ÜBERNACHTEN

Madrid

Sehr günstig gelegen • Familiär und recht komfortabel. Ruhig und doch in Fußgängerentfernung von Stadtzentrum und Strand. Schöne Café-Bar im Erdgeschoss.
C. Villa Madrid 15 • Tel. 965 71 00 38 • www.ansahotel.com • 42 Zimmer • €€

ESSEN UND TRINKEN

Brisas del Mar

An der Promenade • Ein Klassiker mit traditioneller Mittelmeerküche. Fangfrischer Fisch, Reis- und Eintopfgerichte, aber auch exzellentes Fleisch.
Pso. Vista Alegre 10 • Tel. 966 70 52 01 • tgl. 13–23.30 Uhr • €€

La Estasión

Iberische Fleischküche • Benannt nach dem ehemaligen Salzverladebahnhof. Umfangreiche Weinkarte. In der Bar große Auswahl an Tapas, im gepflegten Restaurant Spezialitäten vom Iberischen Schwein und Steak auf dem heißen Stein.
C. Urbano Arreguí 1 • Tel. 965 70 88 26 • www.restaurantelaestasion. com • tgl. durchgehend geöffnet • €€

SERVICE

AUSKUNFT

Tourist Info Torrevieja

Pl. Ruiz Capdepont • Tel. 965 70 57 82 • www.torrevieja.es

Ziele in der Umgebung

◎ Guardamar del Segura

▸ S. 119, E 13

15 000 Einwohner

Der ruhige Ferienort ist für seine langen, teils naturbelassenen Dünenstrände bekannt. Mit den Playas del Campomar liegen die attraktivsten Strände südlich von Guardamar del Segura. Dort erstrecken sich hinter den Dünen Kiefernwälder.
11 km nördl. von Torrevieja

MUSEEN

Museo Arqueológico y Etnológico

Fundstücke aus der iberischen Ausgrabungsstätte **Cabezo Lucero**. Die Kalksteinbüste der **Dama de Guar-**

damar (4. Jh.) ist eine Kopie (Original in Alicante, im Museo Arqueológico Provincial; Av. Estación 6.). Außerdem Funde aus **La Ràbita Califal**, einem Ensemble aus Ruinen einer Moschee und mehrerer kleinerer Gebetsstätten (10./11. Jh.), von denen eine im Museum in Originalgröße nachgebildet wurde. (Die maurischen Ruinen sind im Pinienwald zwischen dem Ort und der Mündung des Río Segura zu besichtigen.) Auch Überreste aus der erst kürzlich am Ortsrand von Guardamar del Segura entdeckten, wohl größten phönizischen Siedlung in Europa sind ausgestellt.
C. Colón 46 • Mo–Fr 9–14 und 17–19, Sa 10.30–14 Uhr • Eintritt frei

◎ Parc Natural de la Mata
▶ S. 119, E 13/14

Hinter Torrevieja stehen zwei riesige Salzseen seit 1994 unter Naturschutz: Die **Laguna Salada de Torrevieja** und die **Laguna Salada de la Mata** 🔟. Die beste Zeit zur Beobachtung der Vogelwelt in diesem Naturpark ist im Winter, wenn Zugvögel wie Schwarzhalstaucher, Säbelschnäbler oder Weißstorch in den Salzlagunen zu Gast sind. Ganzjährig stehen Rosaflamingos im seichten Wasser. Am Südostufer der Laguna Salada de la Mata wurden zwei Wege durch den Naturpark ausgewiesen. Die gelbe Route berührt als Fußweg (ca. 2 Std.) alle wichtigen Ökosysteme des Gebiets. Als Radweg führt die rote Route (5,2 km) durch Pinienwälder.
5 km nordwestl. von Torrevieja, Ctra. N-332 Torrevieja-Alicante km 64,5 • http://parquesnaturales.gva.es • Sept.–Mai Di–Fr 9.30–14, Di/Do auch 16–17.30, Sa/So/Feiertag 9.30–13.30, Juni–Aug. Di–So 9.30–14.30 Uhr • Eintritt frei

Torrevieja (▶ S. 83) ist wegen seines angenehmen Küstenklimas bei Residenten beliebt. Die überdachte Hafenpromenade bietet Schutz vor allzu viel Sonne.

In den küstennahen Gebirgslandschaften des Maestrat (▶ S. 88) findet man noch mittelalterliche Dörfer, wie das malerische Bergdorf Ares del Maestre.

Touren und Ausflüge

Entdeckerfreude wird an der Costa Blanca belohnt: Wer Land und Leute genauer kennenlernen möchte, begibt sich auch mal auf abgelegenere Pfade.

Auf großer Entdeckungstour durch den Maestrat – Eine Reise ins Mittelalter

CHARAKTERISTIK: Die Autorundfahrt ab Peñíscola bzw. Benicarló erschließt eine faszinierende Bergwelt abseits der Küste DAUER: Tagestour LÄNGE: 206 km ANFAHRT: Die Tour beginnt in Peñíscola. Wer von außerhalb kommt, fährt auf der AP-7 bis Benicarló und kann dort mit der Tour starten EINKEHRTIPP: Mesón de la Vila, Pl. Major 8, Forcal, Tel. 964 17 11 25, Mo sowie Mitte Okt.–Anfang Nov. geschl. €€

AUSKUNFT: Mancomunidad Turística del Maestrazgo, 12004 Castelló, Complejo Penyeta Roja, Tel. 964 35 98 83, www.elmaestrazgo.com
KARTE ▶ S. 89 UND S. 113, D 2

Die Fahrt führt zunächst von **Peñíscola** auf der Nationalstraße N 340 nach **Benicarló**. Von dort biegen Sie in den Maestrat ab (Beschilderung Sant Mateu). Erste Station ist nach 35 km **Sant Mateu**, die ruhige ehemalige Hauptstadt des Maestrat. Hier residierte der Großmeister des Ritterordens von Montesa, dem im 14. und 15. Jh. der Maestrat unterstand. Seither hat sich der Ort kaum verändert. Sehenswert sind Kirchen und Stadtpaläste, aber auch manches Kleinod am Rande.

Sant Mateu ▶ Tírig
Sie fahren weiter nach **Tírig**. An den Steilwänden des nahe gelegenen **Barranc de la Valltorta** (Valltortaschlucht) wurden stilisierte Felszeichnungen entdeckt, die prähistorischen Jägern zugeschrieben werden. Sie sind dem Levantestil zuzuordnen, der in Ostspanien um 6000 v. Chr. einsetzte und mit dem Ende der Steinzeit (um 4000 v. Chr.) verschwand. Heute stehen sie als Welterbe unter dem Schutz der UNESCO.

Das **Museu de la Valltorta** dokumentiert die Funde. 2 km hinter Tírig an der Straße nach Albocàsser weisen Schilder zu dem Museum. Es ist u. a. die naturgetreue Nachbildung einer Höhle mit Felszeichnungen zu sehen. Vom Museum aus finden Führungen zu drei Fundstätten prähistorischer Felsmalerei statt: Mas d'En Josep (10 Uhr), Cova dels Cavalls (12 Uhr) und Cova dels Civils (15. Mai–14. Okt. 18 Uhr, sonst 16.30 Uhr). Die Exkursionen dauern ca. 2 Stunden, festes Schuhwerk empfiehlt sich. Der Führer spricht Englisch.

Tirig ▶ Ares del Maestre
Weiter geht es nach **Albocàsser** und dann auf den **Coll d'Ares**. Am Pass biegen Sie rechts ab nach **Ares del Maestre**, einem malerischen Bergdorf mit einem verfallenen Kastell. Es gehörte im Mittelalter dem mächtigen Templerorden, der 1312 unter mysteriösen Umständen vom Papst aufgelöst wurde. Der nicht unerhebliche Templerbesitz im Maestrat ging an den Ritterorden von Montesa über. Vom Kastell aus hat man einen fantastischen Blick auf die Gebirgslandschaft.

Ares del Maestre ▶ Forcall
Zurück am Pass fahren Sie abwärts und bald darauf rechts durch eine weite Ebene in Richtung **Castellfort**. An der nächsten Gabelung geht es links nach **Cinctorres/Forcall**. Die nun folgende Strecke ist reich an

Schlaglöchern. Immer wieder überqueren Sie ein – meist ausgetrocknetes – Flussbett auf einer Betonpiste. Ehemals prächtige Bauernhöfe sind dem Verfall preisgegeben. Sie kreuzen die Straße Vilafranca–Morella und fahren geradeaus weiter durch das trockene Bett des **Ríu Caldes**. An der nächsten Kreuzung geht es rechts nach Forcall.

In **Forcall** lebt man noch von der Landwirtschaft. Fast alle Hänge ringsum sind mit Mandelbäumen bepflanzt. Am Ortseingang von Forcall steht die kleine **Ermita Sant Josep Calvari** von 1682. Ihr idyllischer Vorplatz ist sternförmig mit runden Kieseln gepflastert, alte Steinbänke stehen im Schatten hoher Zypressen. Von gotischen Häusern mit Arkadengängen, die teilweise noch aus der Gründungszeit des Ortes (ab 1246) stammen, ist der geräumige Hauptplatz gesäumt. In einem Gewölbe im Untergeschoss eines der ältesten Gebäude an der Plaza Major ist das Restaurant **Mesón de la Vila** untergebracht.

Etwas abseits des Hauptplatzes steht, durch stille Gassen zu erreichen, die **Pfarrkirche**. Über ihrem Portal ist die Jahreszahl 1850 eingemauert, das Jahr, in dem eine Renovierung stattfand. Am Turm sind noch gotische Bauelemente auszumachen. Im Altarbereich thront der Erzengel Gabriel. Die Seitenaltäre sind nach barockem Geschmack verziert. Originell ist der steinerne Kopf, der aus einer Außenwand hervorschaut.

Forcall ▶ Peñíscola

Auf einer gut ausgebauten Schnellstraße geht es nun Richtung Osten. Nächste und letzte Station der Rundfahrt ist die von einer gewaltigen Stadtmauer umgebene mittelalterliche Stadt **Morella**. Nach der Besichtigung des Ortes, der mit seinem historischen Stadtbild und zahlreichen Feinkostgeschäften mit Spezialitäten der Region lockt, fahren Sie wieder an die Küste, nach **Vinaròs** und weiter über Benicarló nach Peñíscola.

INFORMATIONEN
Museu de la Valltorta
Tírig, Partida Pla de l'Om • www.valltorta.com • Di–So 10–14 und 16–19, Mai–Sept. 17–20 Uhr • Eintritt frei

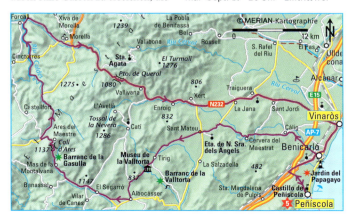

Per Bahn entlang der weißen Küste – Meerblick inklusive

CHARAKTERISTIK: Auf einer alten Schmalspurstrecke, wo früher Zitronen transportiert wurden, geht es durch die malerische Küstenlandschaft zwischen Benidorm und Gata de Gorgos DAUER: Halbtagestour LÄNGE: 30 km ANFAHRT: Die Fahrt beginnt am Bahnhof von Benidorm. Dorthin besteht Anschluss ab Alicante mit der S-Bahn Linie 1 im 30-Minuten-Takt EINKEHRTIPP: Restaurant Avenida, Pso. Alicante 19, Gata de Gorgos, Tel. 965 75 64 89, www.hotelnouavenida.com, Mo geschl. €€ AUSKUNFT: www.fgvalicante.com
KARTE ▶ S. 117, E 10

Die Schmalspurlinie entlang der Costa Blanca war 1914 angelegt worden, um Zitronen und andere Erzeugnisse der Region zum Ausfuhrhafen Alicante zu befördern. Heute ist die Strecke zwischen Alicante und Benidorm elektrifiziert. Aber in Benidorm steigen Sie in einen Dieseltriebwagen der Serie MAN 2500 (Linie 9) um. Für die gut 30 km lange Strecke bis Gata de Gorgos benötigt dieser fast eine Stunde. Noch eine halbe Stunde mehr wären es mit dem »Limón Exprés«, einem altertümlichen Zug aus den 1930er-Jahren, der so etwas wie die »Mutter« aller touristischen Züge in Spanien ist. Seinem Namen (»limón« = span. Zitrone) macht er mit seiner zitronengelben Lackierung alle Ehre. Doch stehen seine Waggons derzeit im Bahnhof von Benidorm und warten

Charakteristisch für das Fischerdorf Altea (▶ S. 70) sind die weiß getünchten Häuser. Nicht selten wächst entlang der Hausmauern eine farbenprächtige Bougainvillea.

auf die dringend erforderliche Restaurierung. Wann er wieder zu Ausflugsfahrten nach Gata de Gorgos starten wird, ist ungewiss.

Benidorm ▶ Altea

So sind Eisenbahnfans bis auf Weiteres auf die »normale« Schmalspurbahn angewiesen, werden aber unterwegs durch herrliche Ausblicke reichlich entschädigt. Der Zug durchfährt viele reizvolle Ecken, die per Auto nicht erreichbar sind. Zunächst geht es an der Küste entlang. Schauen Sie rechts zum Meer, links in die Berge und Sie sehen farbenfrohe Fischerkaten, goldene Strände und tiefe Schluchten. Erster Höhepunkt sind die weißen Häuser von **Altea**.

Altea ▶ Teulada

Etwa die Hälfte der Strecke ist bewältigt, wenn der charakteristische **Penyal d'Ifac** (Peñón de Ifach) in Sicht kommt. Nun verlässt die Bahn die Küste und fährt durch eine fruchtbare Hügellandschaft. An den Hängen gedeihen Zitronen und andere subtropische Früchte. Der Zug passiert **Teulada**, einen Weinbauernort, in dessen Umgebung viele gut situierte Mitteleuropäer einen Zweitwohnsitz ihr Eigen nennen.

Teulada ▶ Gata de Gorgos

Schließlich trifft die Bahn in Gata de Gorgos ein. In Gata gibt es zunächst einmal in Bahnhofsnähe die berühmte **Gitarrenfabrik Joan Cashimira**, deren Besuch Sie nicht versäumen sollten. Die Fabrik steht jedem Interessierten zur Besichtigung offen. Vielleicht demonstriert ein Mitarbeiter der Fabrik sogar den Klang verschiedener Gitarrentypen.

Vor allem aber ist Gata de Gorgos für seine etwa 15 kleinen Fabriken bekannt, die Sombreros und andere Flechtarbeiten – Möbel, Hüte, Taschen, Körbe, Matten – aus Weidenruten, Espartogras und Binsen fertigen. Ihre Verkaufsstellen reihen sich entlang der Durchgangsstraße. Das Sortiment ist überall ähnlich. Keineswegs sind diese Läden nur auf Touristen eingestellt. Vielmehr haben sie über das Flechtwerk hinaus auch andere Möbel und Dekorationsgegenstände im Angebot. Die Einheimischen aus der Umgebung kaufen hier ihre Einrichtung, wenn auch moderne Möbelmärkte am Rand der Städte seit einigen Jahren den Einzelhändlern von Gata de Gorgos immer mehr Konkurrenz machen.

Wer möchte, kann durch die ruhige Altstadt (»Casc Antic«) schlendern, die sich hinter der Hauptstraße erstreckt. Ein schönes altes Wegkreuz erhebt sich dort, an der Abzweigung der N-332 Richtung Jávea. Die Säule ist mit steinernem Weinlaub berankt – ein Hinweis darauf, dass der Weinbau die wichtigste wirtschaftliche Grundlage von Gata de Gorgos darstellt. Der hiesige Moskateller, ein schwerer Südwein, wird seit jeher wegen seiner Qualität gerühmt.

Gata de Gorgos ▶ Benidorm

Auf der Rückfahrt lassen Sie das Panorama in umgekehrter Richtung noch einmal auf sich wirken. Oder Sie fahren weiter nach Denia, wo die Schmalspurstrecke endet. Linie 9 verkehrt zwischen Benidorm und Denia tagsüber im Stundentakt.

INFORMATIONEN

Gitarrenfabrik Joan Cashimira
Gata de Gorgos, C. de la Estación 25 • Tel. 965 75 63 20 • www.joan cashimira.es • Mo–Fr 9–13 und 15–19 Uhr • Eintritt frei

Eine Schifffahrt zur Isla de Tabarca – Auf den Spuren der Genueser und Piraten

CHARAKTERISTIK: Schon die Überfahrt zu der dem Kap von Santa Pola vorgelagerten Insel ist ein Erlebnis. Auf Tabarca selbst lässt sich die Zeit mit Spaziergängen, Baden und Einkehr in einem der Fischlokale verbringen **DAUER:** Tagesausflug, beste Ausflugszeit: Tausende machen sich im Juli und August tgl. auf den Weg zur Isla de Tabarca. In der Nebensaison geht es wesentlich ruhiger zu **EINKEHRTIPP:** La Almadraba, C. Virgen del Carmen 29, Tel. 965 97 05 87, www.restaurantela almadraba.com, tgl. 10.30–17 Uhr, im Sommer auch 20.30–23 Uhr, im Winter Mo geschl. €€€ **AUSKUNFT:** Alicante: Cruceros Kon Tiki, Tel. 686 99 45 38/39, www.cruceroskontiki.com • Benidorm: Excursiones Marítimas Benidorm, Tel. 965 85 00 52, www.excursionesmaritimasbenidorm.com • Santa Pola: Cruceros Baeza-Parodi, Tel. 608 33 04 22 oder 608 89 39 20 • Cruzeros La Gola de Guardamar: Tel. 689 12 36 23 • Torrevieja und Guardamar: Cruceros Tabardo, Tel. 966 70 21 22 **KARTE ▶ S. 119, F 13**

Die kürzeste Überfahrt (ca. 20–25 Min.) führt von **Santa Pola** zur Isla de Tabarca. Dort legen in der Sommersaison halbstündlich (zwischen 10–14 und 16–19 Uhr) Glasboden-Katamarane von Cruceros Baeza-Parodi und Cruceros La Gola de Guardamar ab. Die meisten Ausflügler wählen allerdings **Torrevieja** als Ausgangshafen. Von dort wie auch von **Guardamar del Segura** starten schnelle Glasboden-Katamarane der Gesellschaft Cruceros Tabardo (Dauer der Überfahrt 30 bzw. 40 Min.), die auch bei unruhiger See eine stabile Wasserlage haben. Ab **Alicante** dauert die Fahrt 40–50 Minuten (Cruceros Kon Tiki, Juli–Sept. drei tägliche Hin- und Rückfahrten, März–Juni und Okt.–Dez. einmal täglich), ab **Benidorm** 1 Std. 15 Min. (Excursiones Marítimas Benidorm, Abfahrt nach Bedarf um 11 Uhr). Die Kosten für Hin- und Rückfahrt betragen je nach Abfahrtshafen für Erwachsene zwischen 15 und 25 €, für Kinder 10–15 €.

Der flache Meeresboden rund um Tabarca steht als »Reserva Marina Natural« unter strengem Schutz. Auf dem sandig-schlammigen Untergrund dehnt sich eine üppige Seegraswiese aus, die zahlreichen Meeresbewohnern Schutz und Nahrung bietet. Am Grund warten Zackenbarsch, Meeraal und Muräne auf Beute, während Goldbrassen und Gelbschwanzmakrelen im offenen Wasser schwimmen.

Tabarca ist ein flaches Eiland, die höchste Erhebung erreicht 15 m. Auch die Ausdehnung ist mit 1800 m Länge und maximal 400 m Breite gering. Bis ins 18. Jh. hinein blieb die unfruchtbare **Isla de Santa Pola**, wie die Insel damals hieß, unbesiedelt und diente nordafrikanischen Piraten als Unterschlupf. Von hier aus machten sie die gegenüberliegende Küste unsicher. Um dem Unwesen Einhalt zu gebieten, ließ Reformkönig Carlos III. die Isla de Santa Pola ab 1768 befestigen und mit etwa 300 genuesischen Korallentauchern besiedeln. Diese hatten zuvor auf der tunesischen Insel Tabarka gelebt, der damaligen Hochburg der Korallenfischerei im Mittelmeerraum. 1741 besetzte der Bey von Tunis Tabarka und versklavte die Genuesen. Der spanische König kaufte sie frei, aus humanitären Gründen und auch, damit sie in den Gewässern bei der Isla de Santa Pola nach Korallen tauchen sollten. Ihre neue Heimat nannten sie **Nueva Tabarca**. Viele der heutigen Bewohner stammen von den Genuesen ab. Namen wie Parodi, Capriata und Colomba erinnern daran. Allerdings leben nur noch 20 bis 30 Menschen ständig auf Tabarca. Im Sommer, wenn die Restaurants öffnen, vervielfacht sich die Einwohnerzahl.

Hafen ▶ San Pablo

Gewaltige Mauerwälle und Bastionen umgeben den einzigen Ort, **San Pablo**. Vom Hafen führt die Puerta de Levante hinein, ein altes Stadttor. San Pablo wurde rasterförmig angelegt, mit rechtwinkligen Straßenzügen und niedrigen weißen Häusern. Im Norden öffnet sich die Puerta de Alicante zur alten Hafenmole. In der Nähe steht die barocke Inselkirche, die Sankt Peter und Paul geweiht ist. Auch sie hat wehrhaften Charakter. Ende Juni steht sie im Mittelpunkt der **Fiesta San Pedro y San Pablo**. Im Westen schließlich trennt die Puerta de la Trancada den Ort von der zu Fuß durch das flache Wasser erreichbaren Islote de la Cantera. Ein königliches Wappenschild ziert das Tor, eine Inschrift erinnert an König Carlos III.

Außerhalb der heißen Sommermonate lohnt ein Spaziergang auf dem schmalen, aussichtsreichen Küstenweg rund um den Osten der Insel. Im Frühjahr verströmen niedrige Blütenpflanzen und Kräuter einen betörenden Duft. Eine andere Vegetation suchen Sie hier vergebens. Inmitten der Einöde erhebt sich der **Torre de San José**, ein Wachturm in

Im Sommer schlendern Tagesausflügler durch die Gassen von San Pablo.

Form einer gestutzten Pyramide. Dahinter erstreckt sich die steinige Ebene El Campo. Schließlich gelangen Sie an der Ostspitze zum alten Leuchtturm.

An dem halbrunden Sandstrand im Süden der Insel, dem Hafen gegenüber gelegen, können Sie in kristallklarem Wasser baden. Dahinter reihen sich »chiringuitos«, die eine schmackhafte Meeresküche anbieten. Inselspezialität ist der »caldero tabarquí«, im Eisentopf geschmorter Reis mit diversen Sorten Fisch. Zunächst wird der Fisch gegessen, dann der Reis.

Bei den Fallas (▶ S. 23) präsentieren die jungen Valencianerinnen anmutig ihr kunstvoll aufgestecktes Haar und die Umhänge aus Seidenbrokat.

Wissenswertes über **Valencia und die Costa Blanca**

Nützliche Informationen für einen gelungenen Aufenthalt: Fakten über Land, Leute und Geschichte sowie Reisepraktisches von A bis Z.

Auf einen Blick

Mehr erfahren über Valencia und die Costa Blanca – Informationen über Land und Leute, von Bevölkerung über Politik und Sprache bis Wirtschaft.

AMTSSPRACHE: Spanisch
EINWOHNER: Region Valencia ca. 5,1 Mio.
FLÄCHE: Region Valencia 23 305 qkm
GRÖSSTE STADT: Valencia, 815 000 Einwohner
HÖCHSTER BERG: Cerro Calderón (1837 m)
LÄNGSTER FLUSS: Rio Júcar (497,5 km)
INTERNET: www.comunitat valenciana.com
RELIGION: 95 % der Einwohner sind offiziell katholisch, aber nur 18 % besuchen regelmäßig die Messe. Die übrigen 5 % sind vorwiegend Protestanten und Muslime.
WÄHRUNG: Euro

Bevölkerung

Die Region Valencia wurde im Mittelalter, nach der Reconquista und der damit verbundenen Vertreibung der Mauren von der Iberischen Halbinsel, von Katalonien aus besiedelt. Durch Zuzug von Arbeitskräften nach Valencia und in die Ferienorte hat sich in den vergangenen Jahrzehnten der Anteil von Kastiliern und Andalusiern an der Bevölkerung deutlich erhöht. Die katalanische Lebensweise, die als weniger südländisch und der mitteleuropäischen ähnlicher gilt, trifft man eher im Hinterland an, speziell auch im Norden der Region. Richtung Süden geht der Lebensstil allmählich in den »spanischen« über.

◄ Die angenehmen Temperaturen machen es möglich: In Valencia (► S. 32) spielt sich das Leben auf der Straße ab.

Lage und Geografie

Der in diesem Buch vorgestellte Abschnitt der spanischen Ostküste, der nördlich von Katalonien und südlich von der Region Murcia begrenzt wird, ist mit der Küste des Landes Valencia identisch, der sogenannten Levante im engeren Sinn. (Ursprünglich traf dieser Begriff auf den gesamten Osten Spaniens zu.) Zur Levante zählt neben Valencia und der eigentlichen Costa Blanca mit den bekannten Ferienorten Denia und Benidorm auch die im Norden angrenzende Costa del Azahar. Allgegenwärtig sind an der gesamten Levante-Küste die weißen Strände, die der Costa Blanca ihren Namen gaben. Hier und da werden sie von malerischen, felsigen Abschnitten unterbrochen. Das Hinterland charakterisieren schroffe Gebirgszüge, die Sierras.

Politik und Verwaltung

Valencia und die Costa Blanca gehören zu Spanien, das von Madrid aus regiert wird. Innerhalb des spanischen Staates bildet Valencia eine Autonome Region, die sich aus den Provinzen Valencia, Castellón und Alicante zusammensetzt.

Religion

Etwa 95 % der Bevölkerung gehören der römisch-katholischen Kirche an, doch nur 75 % bezeichnen sich als religiös und die Messe besuchen nur 18 % regelmäßig. Da in Spanien keine Kirchensteuer zu zahlen ist, kommen Austritte selten vor und sind offiziell auch gar nicht vorgesehen.

Durch Einwanderung hat in den vergangenen Jahren der Anteil der Prostestanten an der Bevölkerung auf 3 % zugenommen, derjenige der Muslime auf 2 %.

Sprache

In der Region Valencia existiert neben Spanisch (Kastilisch) Katalanisch (Valencianisch) als zweite Amtssprache. Die Beschilderung (Straßen usw.) erfolgt dort meist in beiden Sprachen. Je nach Gemeinde herrscht die eine oder andere Sprache vor. In diesem Buch wurde die jeweils vor Ort gebräuchlichere Schreibweise verwendet. Mit Spanischkenntnissen kann man sich überall verständigen. Junge Spanier sprechen zudem meist Englisch, in den Feriengebieten an der Küste oft auch Deutsch.

Wirtschaft

Valencia ist nach Barcelona wichtigster Standort für Automobil- und Maschinenbau an der spanischen Mittelmeerküste. Ansonsten gibt es wenig Industrie. Vielmehr stellt die Landwirtschaft das wichtigste wirtschaftliche Standbein der Levante dar. In den großen Huertas von Valencia sowie in den unzähligen kleineren Gartenlandschaften im Hinterland der Costa Blanca wird ein Großteil des Obstes und Gemüses erzeugt, das Spanien exportiert. Nur noch geringe Bedeutung hat die Fischerei. Die größte verbliebene Fischereiflotte der Costa Blanca ist in Vilajoiosa stationiert. Unverzichtbar ist hingegen der Tourismus, der sich allerdings auf das Sommerhalbjahr beschränkt. Viele Arbeitskräfte kommen daher als Saisonarbeiter aus Andalusien.

Geschichte

7. Jh. v. Chr.

Griechische Händler gründen Stützpunkte in Alicante, Benidorm und Sagunt.

227 v. Chr.

Die Karthager gründen als Hauptstadt ihrer spanischen Gebietserwerbungen Carthago Nova, das heutige Cartagena.

209 v. Chr.

Im Zweiten Punischen Krieg erobert Rom die karthagischen Gebiete an der heutigen Costa Blanca. Die Römer führen die lateinische Sprache ein, aus der sich später Spanisch und Katalanisch entwickeln. Valencia ist eine römische Stadtgründung.

Um 310

Noch unter römischer Herrschaft setzt sich in Spanien das Christentum durch.

Ab 711

Aarabische Heere erobern die gesamte Iberische Halbinsel. Sie geben der Landwirtschaft wichtige Impulse. Das Kunsthandwerk blüht auf.

1094

Der legendäre El Cid erobert im Verlauf der Reconquista die levantinische Küste mit Valencia. Nach seinem Tod fällt die Stadt 1099 jedoch wieder an die Mauren.

1238

Valencia wird unter Jaume I. von Aragón endgültig von christlichen Truppen eingenommen. Zwei Jahre später gründet Jaume I. das Königreich Valencia.

1266

Während weite Teile der Costa Blanca nach der Vertreibung der Mauren von Katalonien aus besiedelt werden, fallen die südlich angrenzenden Küstengebiete an Kastilien.

1469

Durch die Eheschließung zwischen Isabella von Kastilien und Ferdinand von Aragón werden die beiden Kronen vereint – die Geburtsstunde des heutigen Spaniens.

Ab 1483

In Valencia entsteht die Lonja, die prächtige gotische Handelsbörse. Stadt und Region erleben eine glanzvolle Blütezeit.

1609

Endgültige Vertreibung der im Land verbliebenen Mauren unter König Philipp III. Für die Region Valencia bedeutet dies den Verlust zahlreicher qualifizierter Arbeitskräfte. Von dem darauf folgenden Niedergang erholt sich die Wirtschaft erst 150 Jahre später.

1713

Valencia verliert den Status eines eigenständigen Königreichs. Damit gehen die regionalen Sonderrechte verloren.

1759–1788

Unter dem aufgeklärten Herrscher Karl III. erfolgt eine wirtschaftliche Wiederbelebung der Region Valencia. Moderne Manufakturen entstehen, die Porzellan, Glaswaren, Textilien und Teppiche produzieren.

Geschichte

1833–1839
Erster von vier Bürgerkriegen um die spanische Thronfolge. Valencia unterstützt Karl V.

1874
Alfons XII. wird zum neuen König proklamiert, die politischen Verhältnisse stabilisieren sich.

1923
Nach immer häufigeren Gewalttaten von Anarchisten, die im katalanischen Sprachraum starke Unterstützung finden, übernimmt General Primo de Rivera die Regierungsgewalt.

1931
Sieg der Republikaner: In Spanien wird die Republik ausgerufen.

1936
Beginn des Spanischen Bürgerkriegs, gegen dessen Ende Valencia Sitz der republikanischen Regierung wird. Der Bürgerkrieg endet am 31. März 1939 mit der Zerschlagung des letzten republikanischen Widerstands in Alicante.

1956
In Benidorm wird ein Bebauungsplan erlassen, der in den folgenden Jahrzehnten aus dem kleinen Fischerdorf am Meer eine gigantische Ferienstadt werden lässt.

1966
Beginn der staatlichen Förderung des Fremdenverkehrs. Der Tourismus an der Costa Blanca boomt.

1975
Tod General Francos, der das Land seit 1939 diktatorisch regiert hatte.

Mit der Krönung von Juan Carlos I. ist der Weg in eine demokratische Zukunft frei.

1982
Die Region Valencia erhält ein Autonomiestatut. Katalanisch wird zur zweiten Amtssprache erklärt.

1986
Spanien wird Mitglied der Europäischen Gemeinschaft (heute EU). In der Folgezeit fließen zahlreiche Fördermittel.

1995–1999
Naturschützer retten den Penyal d'Ifach, das Wahrzeichen der Costa Blanca, vor der Bebauung.

2002
In Benidorm wird das Gran Hotel Bali mit 52 Stockwerken eingeweiht. Bis heute ist es das höchste Hotel Westeuropas.

2007
Valencia ist erster europäischer Austragungsort des 32. America's Cup, einer viel beachteten internationalen Segelregatta. Zu diesem Zweck erhält die Stadt einen neuen Jachthafen der Superlative.

2010
Auch die 33. Ausgabe des America's Cup findet vor Valencia statt.

2011
Mit dem Großen Preis von Europa konnte ein weiteres sportliches Großereignis nach Valencia geholt werden. 2011 wird das Formel-1-Rennen zum vierten Mal auf dem Valencia Street Circuit im Hafengebiet ausgetragen.

Sprachführer Spanisch

Aussprache

c vor dunklen Vokalen wie k
(como), vor hellen Vokalen
wie engl. th (gracias)
ch wie tsch (ocho)
h wird nicht gesprochen
j wie ch (jueves)
ll wie j (calle)
ñ wie nj (mañana)
qu wie k (quisiera)
s wie ss (casa)
y wie j (hoy)
z wie engl. th (diez)

Wichtige Wörter und Ausdrücke

ja – sí [si]
nein – no [no]
danke – gracias [grassias]
Wie bitte? – ¿cómo? [komo]
Ich verstehe nicht. – No entiendo.
[no entjiendo]
Entschuldigung – con permiso,
perdón [kon permisso, perdon]
Hallo – hola [ola]
Guten Morgen – buenos días
[buenos dijas]
Guten Tag – buenas tardes
[buenas tardes]
Guten Abend – buenas noches
[buenas notsches]
Auf Wiedersehen – adiós [adijos]
Ich heiße … – Me llamo …
[mee jamo]
Ich komme aus … – Yo soy de …
[jo soij dee]
– Deutschland – Alemania
[Alemanja]
– Österreich – Austria [Austrija]
– der Schweiz – Suiza [Suissa]
Wie geht's?/Wie geht es Ihnen? –
¿Qué tal?/¿Cómo está?
[ke tal/komo esta]
Danke, gut. – Bien, gracias.
[bjän, grassias]

wer, was, welcher – quien, que,
cual [kjien, ke, kual]
wann – cuando [kuando]
wie lange – cuanto tiempo
[kuanto tijempo]
Sprechen Sie Deutsch/Englisch? –
¿Habla alemán/inglés?
[abla aleman/ingles]
heute – hoy [oij]
morgen – mañana [manjana]
gestern – ayer [ajer]

Zahlen

eins – uno [uno]
zwei – dos [dos]
drei – tres [tres]
vier – cuatro [kuatro]
fünf – cinco [sinko]
sechs – seis [seijs]
sieben – siete [siete]
acht – ocho [otscho]
neun – nueve [nuebe]
zehn – diez [dies]
einhundert – cien [sjen]
eintausend – mil [mil]

Wochentage

Montag – lunes [lunes]
Dienstag – martes [martes]
Mittwoch – miércoles [miärkoles]
Donnerstag – jueves [chuebes]
Freitag – viernes [bijernes]
Samstag – sábado [sabado]
Sonntag – domingo [domingo]

Unterwegs

rechts – a la derecha [a la deeret-
scha]
links – a la izquierda [a la iskierda]
geradeaus – todo recto [todo rekto]
Wie weit ist es nach …? –
¿Cuánto tiempo dura el viaje
hasta …? [kuanto tijempo dura
el biache asta]

Sprachführer Spanisch 101

Wie kommt man nach …? –
¿Por dónde se va a …?
[por donde se ba a]

Wo ist … – ¿Dónde está …?
[donde esta]

– die nächste Werkstatt? – el próximo taller? [el proximo tajär]

– der Busbahnhof? – la estación
de guaguas? [la estassijon dee
gwagwas]

– der Flughafen? – el aeropuerto?
[el aäropuerto]

– die Touristeninformation? –
la información turística?
[la informassion turistika]

– die nächste Bank? – el próximo
banco? [el proximo banko]

– die nächste Tankstelle? –
la próxima gasolinera?
[la proxima gasolinera]

Bitte volltanken! – ¡Lleno, por
favor! [jeno por fabor]

Wir hatten einen Unfall. –
Tuvimos un accidente.
[tubimos un axidente]

Wo finde ich … – ¿Dónde encuentro … [donde enkuentro]

– einen Arzt? – un medico?
[un mediko]

– eine Apotheke? – una farmacia?
[una farmassia]

Eine Fahrkarte nach …! – ¡Quisiera
un billete a …! [kisijera un biljete
a …]

Übernachten

Ich suche ein Hotel. – Busco un
hotel. [busko un otel]

Haben Sie noch Zimmer frei? –
¿Hay habitaciones libres?
[aij abitassiones libres]

– für eine Nacht? – para una
noche? [para una notsche]

Ich habe ein Zimmer reserviert. –
Reservé una habitación.
[reservee una abitassion]

Ich suche ein Zimmer für … Personen. – ¿Tiene usted una habitación
para … personas? [tijene ustet una
abitassion para … personas]

Wie viel kostet das Zimmer … –
¿Cuánto vale la habitación …
[kuanto bale la abitassion]

– mit Frühstück? – con desayuno
incluido? [kon dessajuno inkluido]

Ich nehme das Zimmer. – Quiero
la habitación. [kijero la abitassion]

Kann ich mit Kreditkarte zahlen? –
¿Puedo pagar con tarjeta de
crédito? [puedo pagar kon
tarcheta de kredito]

Ich möchte mich beschweren. – Me
quiero quejar. [mee kijero kechar]

funktioniert nicht – No funciona.
[no funxiona]

Essen und Trinken

Die Speisekarte bitte! – El menu,
¡por favor! [el menu por fabor]

Die Rechnung bitte! – La cuenta,
¡por favor! [la kuenta por fabor]

Ich hätte gern … – Quisiera …,
¡por favor! [kisijera… por fabor]

Kellner/-in – camarero/camarera
[kamarero/kamarera]

Mittagessen – almuerzo [almuersso]

Abendessen – cena [sena]

Einkaufen

Wo gibt es …? – ¿Dónde hay …?
[donde aij]

Haben Sie …? – ¿Hay …? [aij]

Wie viel kostet …? – ¿Cuánto vale
…? [kuanto bale]

Das ist zu teuer. – Es demasiado
caro. [es demasiado karo]

Ich nehme es. – Me lo llevo.
[mee lo jevo]

geöffnet/geschlossen – abierto/
cerrado [abijerto/serado]

Bäckerei – panadería [panaderija]

Metzgerei – carnicería [karnisserija]

Kulinarisches Lexikon

A
aceite – Öl
aceitunas – Oliven
agua – Wasser
  – con/sin gas – mit/ohne Kohlen-
    säure
aguardiente – Schnaps
ajo – Knoblauch
albóndigas – Fleischklöße
alcachofas – Artischocken
almendras – Mandeln
almuerzo – Mittagessen
anchoas – Sardellen
arroz – Reis
atún – Thunfisch
azúcar – Zucker

B
bacalao – Kabeljau, Stockfisch
bebida – Getränk
  – sin alcohol – alkoholfreies Ge-
    tränk
bistec – Beefsteak
bizcocho – süßes Gebäck
bocadillo – belegtes Brötchen
bonito – Bonito, Thunfischart
botella – Flasche
boquerones – marinierte Sardellen

C
café americano – schwarzer Kaffee
  – con leche – Milchkaffee
  – solo – Espresso
calamares – Tintenfischringe
caña – gezapftes Bier
carne – Fleisch
cava – Schaumwein
cebolla – Zwiebel
cerdo – Schweinefleisch
cerveza – Bier
chorizo – pikante Paprikawurst
chuleta – Kotelett
churro – Spritzgebäck
cordero – Lamm

D
dátiles – Datteln
dorada – Goldbrasse
dulces – Süßigkeiten

E
embutido – Wurst/Aufschnitt
ensalada – Salat
escalope – Schnitzel
espárragos – Spargel
espinacas – Spinat

F
fideuà – Variante der Paella
fino – trockener Sherry
flan – Karamellpudding
fresa – Erdbeere
frutas – Obst

G
galletas – Kekse
gallina – Huhn
gazpacho – kalte Gemüsesuppe
guisado – Gulasch/Ragout

H
habas – dicke Bohnen
helado – Speiseeis
hielo – Eis (zum Kühlen)
hierbas – Kräuter
higo – Feige
horchata – Erdmandelmilch
huevo – Ei
  – frito – Spiegelei
  – revuelto – Rührei

I
infusión – Kräutertee

J
jamón – Schinken
jerez – Sherry
judías – grüne Bohnen
jugo – Saft

Kulinarisches Lexikon   103

L
langosta – Languste
langostinos – Riesengarnelen
leche – Milch
lechuga – grüner Salat
lenguado – Seezunge
limón – Zitrone
lomo – Rückenstück

M
macedonia de frutas – Obstsalat
mantequilla – Butter
manzana – Apfel
mariscos – Meeresfrüchte
mejillones – Miesmuscheln
melocotón – Pfirsich
merluza – Seehecht
miel – Honig

N
naranja – Apfelsine
nata – Schlagsahne

P
pan – Brot
  – integral – Vollkornbrot
  – tostado – Toastbrot
patatas – Kartoffeln
  – cocidas – Salzkartoffeln
  – fritas – Pommes frites
parillada de pescado – Grillplatte
  mit Fisch
pastel – Kuchen, Torte
pato – Ente
pavo – Truthahn
pechuga – Geflügelbrust
pepino – Salatgurke
pera – Birne
pescado – Speisefisch
pimienta – Pfeffer
pimiento – Paprikaschote
pincho, pinchito – Spieß
piña – Ananas
plátano – Banane
pollo – Hähnchen
pulpo – Polyp, Oktopus

Q
queso – Käse

R
rape – Seeteufel

S
sal – Salz
salchichas – Würstchen
salchichón – Salami
salmón – Lachs
salsa – Sauce
solomillo – Filetsteak
sopa – Suppe

T
tarta – Torte
té con leche/limón – Tee mit Milch/
  Zitrone
ternera – Kalb, Kalbfleisch
tocino – Speck
tortilla española – Omelett mit
  Kartoffelstücken
  – francesa – Omelett
trucha – Forelle
turrón – Nougat

U
uvas – Weintrauben

V
vaca – Kuh, Rind
vaso – Glas
verdura – Gemüse
vinagre – Essig
vino – Wein
  – blanco – Weißwein
  – del país – Landwein
  – rosado – Roséwein
  – seco – trockener Wein
  – tinto – Rotwein

Z
zanahorias – Möhren
zumo – Saft
  – de naranja – Orangensaft

Reisepraktisches von A–Z

ANREISE

MIT DEM AUTO

Die Costa del Azahar ist mit einer Zwischenübernachtung in akzeptabler Zeit per Auto zu erreichen. Zu berücksichtigen ist allerdings die Tatsache, dass die Autobahnen in Frankreich und Spanien gebührenpflichtig sind. Kosten und Strapazen der Fahrt nach Valencia und in weiter südlich gelegene Gebiete lohnen nur bei längerem Aufenthalt. Ansonsten kommt die Kombination aus Flug und öffentlichen Verkehrsmitteln oder Mietwagen auch für mehrköpfige Familien billiger und ist zeit- und nervenschonender.

MIT DEM FLUGZEUG

Valencia und Alicante werden von verschiedenen Flughäfen in Deutschland, Österreich und der Schweiz von Air Berlin/Fly Niki (www.airberlin.com) angeflogen (teilweise mit Umsteigen in Palma de Mallorca). Nach Valencia geht es ab Deutschland auch nonstop mit TUIFly (www.tuifly.com). Hin- und Rückflug kosten ab ca. 130 € inkl. aller Zuschläge. Die Flugzeit beträgt ab Mitteleuropa ca. 2 ½ Std. (nonstop) bzw. 4 ½ Std. (mit Zwischenlandung). Zentrale Auskunft für alle spanischen Flughäfen: www.aena.es. Auf www.atmosfair.de und www.myclimate.org kann jeder Reisende durch eine Spende für Klimaschutzprojekte für die CO_2-Emission seines Fluges aufkommen.

MIT DEM ZUG

Umständlich und langwierig ist die Anreise per Eisenbahn. Von Deutschland aus verkehren Züge nach Barcelona. Von dort besteht Anschluss an der Küste entlang zu allen wichtigen Orten der Costa del Azahar und nach Valencia. Weiter südlich entfernt sich die Hauptstrecke vom Meer. Erst bei Alicante erreicht man wieder die Küste. Von Alicante verkehrt eine Schmalspurbahn über Benidorm und Altea nach Denia. Ausführliche Informationen zu Bahnverbindungen rund um Valencia und die Costa Blanca, zu Abfahrtszeiten, speziellen Angeboten und Preisen, finden Sie im Internet unter www.renfe.es.

AUSKUNFT

IN DEUTSCHLAND, ÖSTERREICH UND DER SCHWEIZ

Turespaña

– Kurfürstendamm 63, 10707 Berlin • Tel. 01 80/3 00 26 47 • www.spain.info/de/tourspain
– Walfischgasse 8, 1010 Wien • Tel. 08 10/24 24 08 • www.spain.info/at/tourspain
– Seefeldstr. 19, 8008 Zürich • Tel. 0 44/2 53 60 50 • www.spain.info/ch/tourspain

IN VALENCIA UND AN DER COSTA BLANCA

Die Tourismusbüros sind im Kapitel »Unterwegs in Valencia und an der Costa Blanca« bei den jeweiligen Orten aufgeführt.

BUCHTIPPS

Helge Sobik: Der Mann, der mit den Gambas zaubert. Funkelnde Costa Blanca (Picus Verlag, 2008). Mit viel Einfühlungsvermögen schildert der Autor seine Eindrücke von der Costa Blanca.

Außerdem ist zu Valencia und die Costa Blanca ein **MERIAN-Magazin** im Handel erhältlich (TRAVEL HOUSE MEDIA, 2007).

DIPLOMATISCHE VERTRETUNGEN

Deutsches Honorarkonsulat
▶ Klappe vorne, c 5
– Av. Marqués de Sotelo 3 •
46002 Valencia • Tel. 963 10 62 53

Österreichisches Honorarkonsulat
▶ Klappe vorne, c 5
C. Convento Sta. Clara 10 •
46002 Valencia • Tel. 963 52 22 12

Schweizerisches Konsulat
▶ Klappe vorne, e 4
C. Cronista Carreres 9 •
46003 Valencia • Tel. 963 51 88 16

FEIERTAGE

In Spanien wurde die Zahl der arbeitsfreien Tage auf 14 pro Jahr begrenzt. Davon werden 11 regionale Feiertage jedes Jahr neu festgelegt und können in der Region Valencia sein.

1. Januar Año Nuevo (Neujahrstag)
6. Januar Dia de los Reyes Magos (Dreikönigsfest)
1. Mai Fiesta del Trabajo (Tag der Arbeit)
25. Juli Santiago (Sankt Jakob)
15. August Asunción (Mariä Himmelfahrt)
12. Oktober Día de la Hispanidad (Tag der Entdeckung Amerikas)
1. November Todos los Santos (Allerheiligen)
6. Dezember Día de la Constitución (Tag der Verfassung)
8. Dezember Inmaculada Concepción (Mariä Empfängnis)
25. Dezember Navidad (Weihnachten)

Sowie von den beweglichen Feiertagen: Gründonnerstag (Jueves Santo), Karfreitag (Viernes Santo) und Fronleichnam (Corpus Cristi). Hinzu kommt ein Regionalfeiertag, in der Region Valencia der 9. Oktober (Día de Valencia). Außerdem bestimmt jede Gemeinde zwei örtliche Feiertage (oft Ostermontag, Pfingstmontag oder zweiter Weihnachtstag). Wenn ein Feiertag auf einen Sonntag fällt, wird am folgenden Montag nicht gearbeitet.

FKK

Offizielle FKK-Strände sind z. B. Playa de Pinedo (zwischen Valencia und El Saler), Teil der Playa Les Rotes (bei Denia), Playa Ambolo (am Cap de la Nau) und Playa del Saladar (beim Cabo de Huertas nahe Alicante). Darüber hinaus wird das Nacktbaden an entlegenen, einsamen Stränden meistens toleriert. »Oben ohne« ist recht verbreitet.

GELD

Bargeld kann man mit ec-/Maestro- oder Kreditkarte plus Geheimnummer an einem der überall vorhandenen Geldautomaten (»telebanco«) abheben. Die Summe ist begrenzt, und es werden Gebühren erhoben. Banken sind in der Regel Mo–Fr von 9–14 und Sa von 9–13 Uhr geöffnet. Auf Euro ausgestellte Reiseschecks lösen sie meist nicht ein. Diese werden praktisch nur noch von wenigen Hotels angenommen. Die meisten Hotels, größeren Restaurants, Geschäfte und Tankstellen akzeptieren die gängigen Kreditkarten. VISA und Mastercard sind am verbreitetsten. Auch mit ec-/Maestro-Karte kann man häufig gebührenfrei direkt bezahlen.

INTERNET

www.costablanca.org
Seite des »Patronato Provincial de Turismo Costa Blanca« mit umfassenden Informationen über Orte, Landschaften, Hotels, Gastronomie und aktuelle Veranstaltungen. Auch auf Deutsch.

www.infocostablanca.com
Mehrsprachige Seite, auch auf Deutsch, mit vielen praktischen Infos von Denia bis Torrevieja.

www.turisvalencia.es
Die offizielle Touristeninformationsseite der Stadt Valencia mit vielen Hinweisen zu Sehenswürdigkeiten, Veranstaltungen, Verkehrsmitteln, interaktivem Stadtplan u. a. (auch auf Deutsch).

www.valenciaterraimar.org
Offizielle Seite der »Diputació de València« (Provinzalregierung) mit Ausflugstipps, Sehenswürdigkeiten, Stränden u. a. auf Spanisch/Englisch.

www.comunitatvalenciana.com
Hier informiert die »Generalitat Valenciana« u. a. auf Deutsch über Aktuelles, Feste, Aktivitäten, Hotels im Bereich der Region Valencia.

www.dipcas.es
Die »Diputació de Castelló« gibt hier allgemeine und touristische Infos in spanischer, z. T. auch in englischer Sprache über die Provinz »Castellón de la Plana« (Costa del Azahar).

MEDIZINISCHE VERSORGUNG
KRANKENVERSICHERUNG

Die Vorlage einer Europäischen Krankenversicherungskarte (EHIC) ist ausreichend. Als zusätzlicher Versicherungsschutz empfiehlt sich der Abschluss einer Auslandskrankenversicherung, da diese Krankenrücktransporte mitversichert.

KRANKENHAUS

Ein öffentliches Krankenhaus (»hospital«) findet man in jeder größeren Stadt. Außerdem verfügt jede Gemeinde über ein Gesundheitszentrum (»centro de salud«) für weniger komplizierte Fälle. Darüber hinaus gibt es zahlreiche Privatkliniken, in den Ferienorten an der Küste auch mit englisch- oder deutschsprachigen Ärzten. Diese akzeptieren allerdings die EHIC in der Regel nicht.

APOTHEKEN

Apotheken sind in der Regel Mo–Fr 9–13 und 17–19 Uhr geöffnet.

NOTRUF

Euronotruf Tel. 112
(Polizei, Feuerwehr, Rettungsdienst)

ÖFFNUNGSZEITEN

Die Geschäfte sind normalerweise Mo–Sa 9–13 (14) und 16 (17)–20 Uhr geöffnet. Größere Supermärkte, Kaufhäuser sowie manche Läden in den Ferienorten verzichten auf die lange Mittagspause.

POST

Die Briefkästen in Spanien sind gelb. Internationale Post wirft man in den Kasten mit der Aufschrift »Extranjero«. Briefmarken erhält man in allen Tabakläden und Postfilialen. Eine Postkarte nach Deutschland, Österreich und in die Schweiz kostet 0,64 €.

RAUCHEN

Seit 2006 ist in Spanien das Rauchen in öffentlichen Gebäuden verboten. Größere Gaststätten müssen eine Nichtraucherzone ausweisen, kleinere wählen, ob sie Raucher- oder Nichtraucherlokal sein möchten.

REISEDOKUMENTE

Deutsche, Österreicher und Schweizer können mit einem gültigen Reisepass oder Personalausweis (Identitätskarte) einreisen. Kinder unter 16 Jahren müssen im Pass eines Elternteils eingetragen sein oder benötigen einen Kinderausweis.

REISEKNIGGE

Bezahlen im Restaurant

In Spanien gibt es eine Rechnung für den ganzen Tisch, es sei denn, man verlangt schon bei der Bestellung getrennte Rechnungen. Am einfachsten ist es in einem solchen Fall, wenn jeder seine persönliche Rechnung selbst ausrechnet, alle zusammenlegen und dem Kellner der gesamte Betrag übergeben wird.

Verkehrssünden

Man sollte sich nicht verleiten lassen, falsch zu parken. Autos werden sehr schnell mit Reifensperren blockiert oder abgeschleppt, und das Abholen des Autos sowie das Entrichten des Bußgeldes ist umständlich. Radarkontrollen sind häufig. Schon geringste Überschreitungen haben hohe Bußgelder zur Folge, die Bescheide werden auch im EU-Ausland zugestellt.

Reisezeit

Valencia bietet sich für einen Citytrip zu allen Jahreszeiten an, mit Ausnahme vielleicht der spanischen Sommerferien (Juli/August), denn dann wirkt die Stadt wie ausgestorben. Die besten Monate für einen Aufenthalt an der Costa Blanca sind April bis Juni und September. Im Juli/August geht es in den Ferienorten turbulent zu, und die Hotels und Ferienwohnungen oder -häuser sind schon frühzeitig ausgebucht. Andererseits schließen viele Unterkünfte

NEBENKOSTEN

1 Tasse Kaffee	1,50 €
1 Bier	2,00 €
1 Glas Wein	2,00 €
1 Cola	2,00 €
1 Tapa	3,00 €
1 Teller Paella	8,00 €
1 Schachtel Zigaretten	2,00 €
1 Liter Benzin	1,20 €
Fahrt mit öffentl. Verkehrsmitteln (Einzelfahrt mit Metro)	1,30 €
Mietwagen/Tag	ab 40,00 €

an der Küste von Oktober bis März, obwohl sonnige Wintertage hier durchaus ihren Reiz haben. Reine Urlaubersiedlungen werden dann zu regelrechten Geisterstädten, und man ist besser beraten, sich im Winter in einem belebten Ort mit fester einheimischer Bevölkerung einzuquartieren.

Trinkgeld im Restaurant

Egal ob edel oder einfach: Im Restaurant lässt sich der Gast stets das exakte Wechselgeld herausgeben, denn das Bedienungsgeld ist im Rechnungsbetrag bereits enthalten. Zusätzlich bleiben, wenn man das Lokal verlässt, bei Zufriedenheit mit dem Service ca. 5–10 % des Betrags auf dem Tisch oder dem Rechnungsteller liegen.

Wertsachen

Wichtige Dokumente und Wertsachen gehören in den Hotelsafe. Alle größeren Hotels stellen ihren Gästen gegen Gebühr Safes (meist im Zimmer untergebracht) zur Verfügung. Auf keinen Fall sollte potenziellen Dieben signalisiert werden, dass es im Auto etwas zu holen gibt. Meist ist der Schaden am Wagen größer als der Wert des Gestohlenen.

REISEWETTER

An der Costa Blanca scheint an rund 300 Tagen im Jahr die Sonne. Regen fällt äußerst selten und wenn, dann meist im Winterhalbjahr. In Küstennähe sinkt das Thermometer selbst im Winter selten unter 10 °C. Hingegen kann es im Juli und August recht heiß werden. Vom Frühjahr bis weit in den Herbst hinein ist Badesaison, wobei das Meer im Frühjahr noch kühl ist. Im Landesinneren sind die Temperaturgegensätze zwischen Sommer und Winter sehr viel größer. In den Gebirgszügen fällt ab und zu sogar Schnee, und Nebelwetterlagen kommen dort auch in den Übergangszeiten vor. Für Ausflüge ins Hinterland empfiehlt sich daher die Mitnahme wärmender Kleidung.

TELEFON
VORWAHLEN

D, A, CH ▸ Spanien 00 34
Spanien ▸ D 00 49
Spanien ▸ A 00 43
Spanien ▸ CH 00 41

Telefonieren vom Hotelzimmer aus ist teuer, es sei denn, man benutzt eine Prepaid-Telefonkarte mit Zugangsnummer und PIN zum Abrubbeln (am Kiosk erhältlich). In Telefonläden (»locutorios«), die meist mit Internetpoints kombiniert sind, bezahlt man nach dem Telefonat entsprechend dem Zählerstand. Selten geworden sind öffentliche Telefonsäulen. Sie funktionieren mit Münzen, diejenigen der Gesellschaft Telefónica auch mit Karten (»tarjeta telefónica«, am Kiosk).

Anrufe nach Spanien: Nach der Landesvorwahl 00 34 folgt sofort die neunstellige Rufnummer. In Spanien gibt es keine Ortsvorwahl.

Mobilfunk: Gespräche in europäische Länder kosten pro Minute rund um die Uhr maximal 0,47 €. Innerhalb Spaniens (Landesvorwahl 00 34 immer mitwählen!) werden lediglich die nationalen Gebühren zuzüglich eines Aufschlags von 25 % fällig. Bei Entgegennahme von Anrufen aus dem Ausland zahlt der Angerufene maximal 0,18 € pro Minute. Die Gebühren sollen schrittweise weiter gesenkt werden.

TIERE

Hunde und Katzen benötigen zur Einreise einen EU-Heimtierausweis (stellt der Tierarzt aus) mit Nachweis einer Tollwutimpfung. Das Tier muss durch einen Mikrochip oder – nur noch bis Juli 2011 akzeptiert –

Mittelwerte	JAN	FEB	MÄR	APR	MAI	JUN	JUL	AUG	SEP	OKT	NOV	DEZ
Tages-temperatur	17	18	20	21	24	28	31	31	29	25	20	17
Nacht-temperatur	5	6	8	10	13	16	19	19	18	14	7	7
Sonnen-stunden	6	6	7	8	9	10	11	10	8	7	6	5
Regentage pro Monat	3	3	4	4	4	2	1	1	2	5	4	4
Wasser-temperatur	14	14	14	15	17	20	24	25	24	21	18	15

durch eine Tätowierung identifizierbar sein.

TRINKGELD

Ein Trinkgeld (»propina«) ist üblich in Restaurants (▸ S. 107), Hotels (Zimmerservice ca. 1 € pro Tag) sowie für Taxifahrer, Reiseleiter, Gepäckträger usw.

VALENCIA TOURIST CARD

Die Karte ermöglicht für den Zeitraum ihrer Gültigkeit unbegrenzte Benutzung aller öffentlichen Verkehrsmittel. Außerdem gewähren viele Museen, Restaurants und Geschäfte sowie Freizeiteinrichtungen in Valencia bei Vorlage der Karte Rabatte. Sie ist in den Informationsbüros der Stadt, in Hotels, an Kassen verschiedener Sehenswürdigkeiten und am Kiosk erhältlich.
www.valenciatouristcard.com/de/was-ist-das • 24 Std. 10 €, 48 Std. 16 €, 72 Std. 20 €

VERKEHRSMITTEL
AUTOFAHREN

Das Straßennetz ist hervorragend. Auf den Autobahnen werden allerdings Gebühren fällig. Dennoch stellen sie eine empfehlenswerte Alternative zu den im Hochsommer oft hoffnungslos verstopften Küstenstraßen dar.

Vom Autofahren im verwirrenden Stadtverkehr Valencias ist abzuraten. Am besten stellt man den Wagen dort in der Hotelgarage oder einem Parkhaus ab und benutzt öffentliche Verkehrsmittel.

MIETWAGEN

An den Flughäfen und in den Ferienorten ist die Anmietung eines Wagens normalerweise kein Problem. Bequemer ist die Reservierung eines Mietwagens jedoch schon vor der Reise über ein Reisebüro. Autovermieter warnen davor, bei Reifenpannen Hilfe anzunehmen. Oft wird bei solchen Gelegenheiten das Gepäck oder gar der ganze Wagen gestohlen. Stattdessen sollte man sofort die Leihwagenfirma informieren! Nie darf Gepäck offen sichtbar im Wagen liegen bleiben. Dies gilt auch für Jacken oder Zeitungen, unter denen Autodiebe Wertsachen vermuten könnten.

ÖFFENTLICHE VERKEHRSMITTEL

Valencia verfügt über ein flächendeckendes U-Bahn-Netz, das durch Busse und Straßenbahnen ergänzt wird. Diese Verkehrsmittel sind zu einem Verbundsystem zusammengeschlossen (www.etmvalencia. com). Günstig fährt man mit Zehnertickets (Bono Transbordo, 7,55 €, am Automaten oder Kiosk). Kostenlose Nutzung der öffentlichen Verkehrsmittel gewährt die **Valencia Tourist Card** (▸ S. 109).

In **Alicante** gibt es ein modernes S-Bahn-Netz (Tram, www.fgvalicante.com). Drei Linien erschließen die Umgebung der Stadt und verkehren entlang der Küste bis Benidorm. Auf der Schmalspurstrecke zwischen Benidorm und Denia (Linie 9, ▸ S. 90) fahren noch Dieseltriebwagen, die Strecke wird aber nach und nach elektrifiziert.

Für längere Strecken entlang der **Costa Blanca**, ins Hinterland und in angrenzende spanische Regionen empfiehlt sich in den meisten Fällen die Benutzung von Überlandbussen. Jede größere Stadt verfügt über einen Busbahnhof. Von dort verkehren Express-Busse verschiedener

Gesellschaften in andere Städte. Das Eisenbahnnetz in der Region Valencia wird streckenweise ausgebaut.

TAXIS

Es wird über Taxameter abgerechnet. Die Fahrpreise sind etwas niedriger als in Mitteleuropa. Für eine innerstädtische Fahrt muss man zwischen 6 € (3 km) und 12 € (10 km) rechnen. Zuschläge werden für Nacht- und Sonntagsfahrten sowie für die Beförderung von Koffern erhoben.

ZEITUNGEN

Die deutschsprachigen Wochenzeitungen »Costa Blanca Nachrichten« (**www.costanachrichten.com**) und »Costa Blanca Zeitung« (**www.cbz.es**) enthalten Insider-Tipps, Veranstaltungshinweise sowie wichtige Adressen. Zeitungen aus Deutschland gibt es in den deutsch geprägten Badeorten der Costa Blanca meist schon am Erscheinungstag an jedem Kiosk. In Valencia selbst muss man eher danach suchen. Wer Spanischkenntnisse mitbringt, kann sich über das Geschehen im Land Valencia in den Tageszeitungen »Levante« (**www.levante-emv.com**) oder »Las Provincias« (**www.lasprovincias.es**) informieren.

ZOLL

Reisende aus Deutschland und Österreich dürfen Waren abgabenfrei mit nach Hause nehmen, wenn diese für den privaten Gebrauch bestimmt sind. Bestimmte Richtmengen sollten jedoch nicht überschritten werden (z. B. 800 Zigaretten, 90 l Wein, 10 kg Kaffee). Weitere Auskünfte unter www.zoll.de und www.bmf.gv.at/zoll.

Reisende aus der Schweiz dürfen Waren im Wert von 300 SFr abgabenfrei mit nach Hause nehmen, wenn diese für den privaten Gebrauch bestimmt sind. Tabakwaren und Alkohol fallen nicht unter diese Wertgrenze und bleiben in bestimmten Mengen abgabenfrei (z. B. 200 Zigaretten, 2 l Wein). Weitere Auskünfte unter www.zoll.ch.

ENTFERNUNGEN (IN KM) ZWISCHEN WICHTIGEN ORTEN

	Alicante	Benidorm	Cartagena	Castelló de la Plana	Denia	Elche	Murcia	Peñíscola	Torrevieja	Valencia
Alicante	–	41	110	263	94	28	79	342	50	183
Benidorm	41	–	151	222	53	69	120	301	91	142
Cartagena	110	151	–	373	204	104	53	452	60	293
Castelló de la Plana	263	222	373	–	169	291	342	79	313	70
Denia	94	53	204	169	–	122	173	248	144	89
Elche	28	69	104	291	122	–	51	370	44	211
Murcia	79	120	53	342	173	51	–	421	53	262
Peñíscola	342	301	452	79	248	370	421	–	392	149
Torrevieja	50	91	60	313	144	44	53	392	–	233
Valencia	183	142	293	70	89	211	262	149	233	–

Kartenatlas
Maßstab 1:600 000

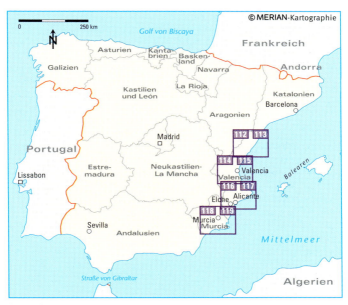

Legende

Routen und Touren
- Entdeckungstour durch den Maestrat (S. 88) Start: S. 113, D2
- Per Bahn entlang der weißen Küste (S. 90) Start: S. 117, E10
- Schifffahrt zur Isla de Tabarca (S. 92) Start: S. 116, C12 und S. 117, D11 und S. 119, E13 / F13 / E14

Sehenswürdigkeiten
- MERIAN-TopTen
- MERIAN-Tipp
- Sehenswürdigkeit, öffentl. Gebäude
- Sehenswürdigkeit Kultur
- Sehenswürdigkeit Natur

Sehenswürdigkeiten ff.
- Kirche; Kloster
- Schloss, Burg; Ruine
- Museum
- Leuchtturm
- Höhle

Verkehr
- Autobahn
- Autobahnähnliche Straße
- Fernverkehrsstraße
- Hauptstraße
- Nebenstraße
- Unbefestigte Straße, Weg
- Fußgängerzone

Verkehr ff.
- Parkmöglichkeit
- Busbahnhof
- Metrostation
- RENFE Bahnhof
- Flughafen; Flugplatz

Sonstiges
- Information
- Theater
- Markt
- Golfplatz
- Strand
- Aussichtspunkt
- Nationalpark
- Naturpark

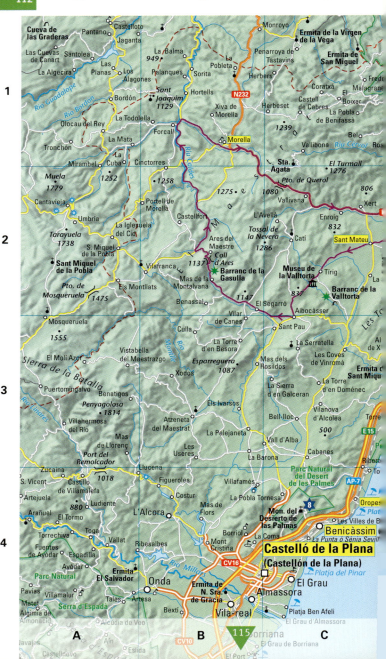

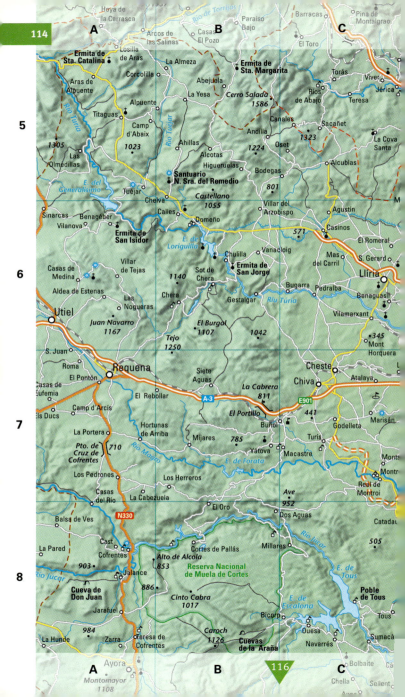

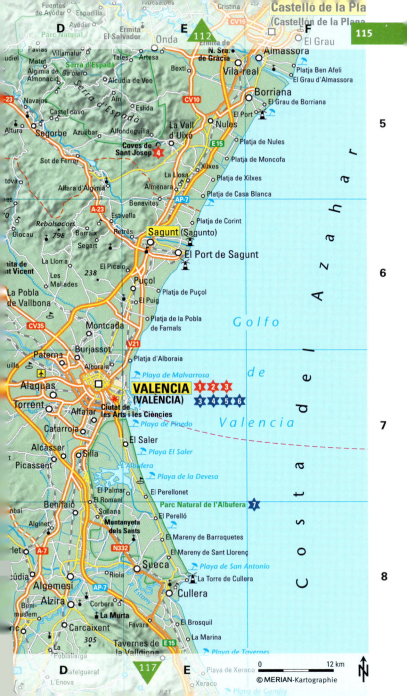

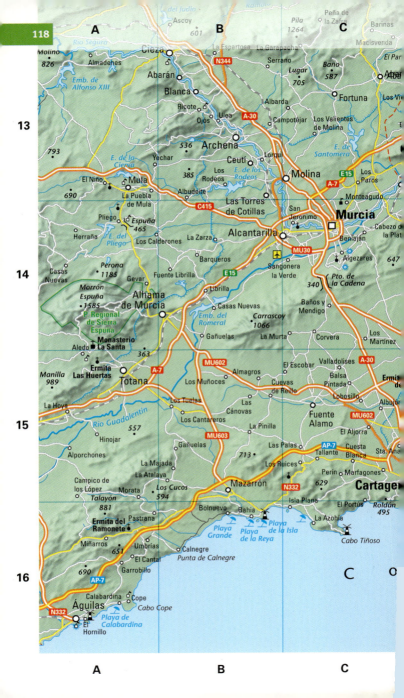

Kartenregister

Abanilla 118, C13
Abarán 118, B13
Abejuela 114, B5
Agost 116, B12
Agres 116, C10
Águilas 118, A16
Agustín 114, C6
Ahillas 114, B5
Aielo de Malferit 116, B10
Aín 115, D5
Albaida 116, C10
Albalat de la Ribera 115, D8
Albarda 118, C13
Albatera 119, D13
Alberic 115, D8
Albocàsser 112, C2/3
Albujón 118, C15
Alcalà de Xivert 113, D3
Alcalalí 117, E10
Alcaná 116, A12
Alcantarilla 118, C14
Alcàsser 115, D7
Alcossebre 113, D3
Alcotas 114, B5
Alcoy 116, C10
Alcublas 114, C5
Aldaia 115, D7
Aledo 118, A15
Alfafar 115, D7
Alfafara 116, C10
Alfarb 115, D8
Alfarrasí 116, C9
Alfondeguilla 115, E5
Algar de Palància 115, D5
Algemesí 115, D8
Algezares 118, C14
Algímia d'Alfara 115, D5
Alginet 115, D8
Algorfa 119, D13
Alhama de Murcia 118, B14
Alicante 116, C12
Almadenes 118, A13
Almagros 118, B15
Almassora 112, B4
Almassora 115, F5
Almedíjar 115, D5
Almenara 115, E5
Almoines 117, D9
Almoradí 119, D13
Almussafes 115, D8
Alpatró 117, D10
Alporchones 118, A15
Alpuente 114, B5
Alquerias 112, A4
Altea 117, E11
Alumbres 119, D15
Alzira 115, D8
Amposta del Delta 113, E1
Andilla 114, B5
Anna 116, B9
Araia 112, B4
Arañuel 112, A4
Aras de Alpuente 114, A5
Archena 118, B13
Ares del Maestre 112, B2
Artana 115, E5
Artejuela 112, A4

Artesa 112, A4
Artesa 115, E5
Aspe 116, B12
Atalaya 114, C7
Atamaría 119, D15
Atzeneta del Maestrat 112, B3
Avileses 119, D14
Ayódar 112, A4
Azuébar 115, D5

Bacarot 116, C12
Bahia 118, B16
Baldovar 114, A5
Balsa de Ves 114, A8
Balsa Pintada 118, C15
Balsicas 119, D14
Baños de Fortuna 118, C13
Baños Gilico 118, A13
Baños y Mendigo 118, C14
Banyeres de Mariola 116, B10
Barqueros 118, B14
Barraix 115, D6
Barrina 117, D11
Barxeta 116, C9
Bejís 114, C5
Bel 112, C1
Bèlgida 116, C10
Bell-lloc 112, C3
Bellreguard 117, D9
Bellús 116, C9
Benagéber 114, A6
Benaguasil 114, C6
Benassal 112, B2
Benatigos 112, A3
Benavites 115, E6
Benejúzar 119, D13
Beniaján 118, C14
Beniarrés 116, C10
Beniatjar 116, C10
Benicarló 113, D2
Benicàssim (Benicasim) 112, C4
Benicolet 116, C9
Benidoleig 117, E10
Benidorm 117, D11
Beniel 118, C13
Benifaió 115, D8
Benifallim 116, C11
Benifato 117, D10
Benigànim 116, C9
Benigembla 117, D10
Benilloba 116, C10
Benillup 116, C10
Benimarful 116, C10
Benimaurell 117, D10
Benimuslem 115, D8
Benissa 117, E10
Benissanó 114, C6
Bétera 115, D6
Bextí 112, B4
Bextí 115, E5
Biar 116, B11
Bicorp 114, C8
Bigastro 119, D13
Blanca 118, B13
Bocairent 116, B10
Bodegas 114, C5
Bolnuevo 118, B16
Bolón 116, A11
Bona Vista 117, E10

Bordón 112, A1
Borriana 115, E5
Borriol 112, B4
Bufali 116, C10
Bugarra 114, C6
Buñol 114, C7
Burjassot 115, D7
Busot 116, C11

Cabanes 112, C3
Cabezo de la Plata 119, D14
Cabezo de Torres 118, C14
Cabo de Palos 119, E15
Cala Blanca 117, F10
Cala Puntal 113, D2
Calabardina 116, A16
Cálig 113, D2
Calles 114, B6
Callosa de Segura 119, D13
Callosa d'en Sarrià 117, D11
Calnegre 118, B16
Calpe (Calp) 117, E11
Camarles 113, E1
Camp d'Abaix 114, A5
Camp d'Arcís 114, A7
Campico de los López 118, A15
Campo de Arriba 114, A5
Campos del Río 118, B13
Campotéjar 118, B13
Campredó 113, E1
Canales 114, C5
Canals 116, B9
Canet d'en Berenguer 115, E6
Cantavieja 112, A2
Canteras 118, C15
Canton 116, A12
Cap i corp 113, D3
Cap Roig 119, E14
Carcaixent 115, D8
Càrcer 116, B9
Carlet 116, D8
Carrícola 116, C10
Carroja 117, D10
Cartagena 119, D15
Casas de Eufemia 114, A7
Casas de Juan Gil 114, A8
Casas de Medina 114, A6
Casas del Campillo 116, A10
Casas del Río 114, A8
Casas Nuevas 114, A14
Casas Nuevas 118, B14
Cases de Sitjar 112, B4
Casinos 114, C6
Cast 114, A8
Castalla 116, B11
Castell de Cabres 112, C1
Castell de Castells 117, D10
Castell Montesa 116, B9
Castellfort 112, B2
Castellnovo 115, D5
Castelló de la Plana (Castellon
  de la Plana) 112, C4
Castelloto 112, A1
Castillo de Villamalefa 112, A4
Catadau 114, C8
Catarroja 115, D7
Catí 112, C2
Caudete de las Fuentes 116, A10
Caudiel 114, C5
Cedramán 112, A3
Cervera del Maestrat 113, D2
Ceutí 118, B13
Chella 116, B9
Chelva 114, B6

Kartenregister 121

Chera 114, B6
Cheste 114, C7
Chiva 114, C7
Chóvar 115, D5
Chulilla 114, B6
Cieza 118, B13
Cinctorres 112, B1/2
Cocentaina 116, C10
Cofrentes 114, A8
Confrides 117, D10
Cope 118, A16
Coratxá 112, C1
Corbera 115, D8
Corcolilla 114, B5
Cortes de Pallás 114, B8
Corvera 118, C14
Costur 112, B4
Cotorillo 119, E14
Cox 119, D13
Crevillent 116, A12
Cuesta Blanca 118, C15
Cuevas de Reillo 118, B15
Culla 112, B3
Cullera 115, E8
Cumbres de Calicanto 114, C7
Cumbres de València 116, A9

Daimús 117, D9
Dehesa de Campoamor 119, E14
Denia (Dénia) 117, E10
Derramador 114, A7
Dolores 119, E13
Domeño 114, B6
Dos Aguas 114, B8
Dos Mares 119, E15
Dos Torres de Morcader 112, A1

El Algar 119, D15
El Aljorra 118, C15
El Boixar 112, C1
El Brosquil 115, E8
El Camp de Mirra 116, B10
El Campello 116, C12
El Cantal 118, A16
El Carmolí 119, D15
El Collado 114, A5
El Escobar 118, C15
El Estrecho 118, C15
El Fondó de les Neus 116, A12
El Fondó dels Frares 116, A12
El Grau 112, C4
El Grau d'Almassora 112, C4
El Grau de Borriana 115, F5
El Hontana 114, B5
El Hornillo 118, A16
El Juncar 112, A4
El Mareny de Barraquetes 115, E8
El Mareny de Sant Llorenç 115, E8
El Mirador 119, D14
El Mojón 119, D14
El Molí Azor 112, A3
El Molí de l'Abad 113, D1
El Mondúver 117, D9
El Niño 118, A13
El Oro 114, B8
El Palmar 115, E7
El Pas 113, D1
El Perelló 115, E8
El Perellonet 115, E7
El Pinar 119, D14
El Poblenou del Delta 113, E1
El Pontón 114, A7

El Port 115, F5
El Port de Sagunt 115, E6
El Puig 115, E6
El Racó de la Sofra 116, C12
El Rebollar 114, B7
El Rebolledo 116, B12
El Romeral 114, C6
El Saler 115, D7
El Segarró 112, B2
El Tormo 112, A4
El Tossal 117, D11
El Tossalet 117, F10
El Vedat 115, D7
El Víso 114, A8
Elche (Elx) 116, B12
Elda 116, A11
Els Ametlers 113, E2
Els Arenals del Sol 116, C12
Els Corrals 116, C9
Els Ivarsos 112, B3
Els Muntells 113, F1
Els Valentins 113, D1
Enguera 116, B9
Enroig 112, C2
Escombreras 119, D16
Eslida 115, E5
Espadilla 112, A4
Espinardo 118, C14
Estivella 115, D6

Fanzara 112, A4
Faura 115, E6
Favara 115, E8
Figueroles 112, B4
Fontanars dels Alforins 116, B10
Forcall 112, B1
Forna 117, D10
Fortaleny 115, E8
Fortuna 118, C13
Fredes 112, C1
Freginals 113, E1
Fuente Alamo 118, C15
Fuente Librilla 118, B14
Fuentes de Ayódar 112, A4
Fuen-Vich 114, A7

Gaianes 116, C10
Galera 113, D1
Gandia 117, D9
Gañuelas 118, B14
Garrobillo 118, A16
Gata de Gorgos 117, E10
Gátova 115, D5
Gestalgar 114, B6
Gevar 118, A14
Gilet 115, D6
Gimenado 118, C15
Giraba 112, A4
Godall 113, D1
Godelleta 114, C7
Gorga 116, C10
Gran Alacant 116, C12
Gran Alacant 119, F13
Guadalest 117, D10
Guardamar del Segura 119, E13

Herbers 112, C1
Herbeset 112, C1
Herraña 118, A14
Higueras 112, A4
Higueruelas 114, B5
Hinojar 118, A15
Hortells 112, B1
Hortunas de Arriba 114, A7

Ibi 116, B11
Isla Plana 118, C16
Islas Menores 119, E15

Jacarilla 119, D13
Jaganta 112, A1
Jalance 114, A8
Jarafuel 114, A8
Jávea (Xàbia) 117, F10
Jérica 114, C5

La Algecira 112, A1
La Alheirca 118, C14
La Almeza 114, B5
La Aparecida 118, C13
La Atalaya 118, B15
La Azohía 118, C16
La Balma 112, B1
La Barona 112, B3
La Cabezuela 114, A7
La Canyada 115, D6
La Casa 119, E13
La Cava 113, F1
La Cervera 114, B5
La Cogullada 115, D8
La Cogullada 116, C9
La Copa 118, A13
La Cova Santa 114, C5
La Coveta Fumada 116, C11
La Cuba 112, A1
La Cuevarruz 114, B5
La Duana 117, F10
La Espartosa 118, B13
La Foia 112, B4
La Foia 119, E13
La Font de la Figuera 116, A10
La Font d'en Carròs 117, D9
La Garapulla 118, C13
La Granadella 117, F10
La Hoya 118, A15
La Iglesuela del Cid 112, A2
La Jana 113, D2
La Lloma 115, D6
La Majada 118, B15
La Malva-Rosa 115, E6
La Manga 119, E15
La Marina del Pinet 119, E13
La Mata 112, A1
La Mata 119, E13/14
La Matanza 118, C13
La Murta 118, C14
La Ñora 116, C14
La Olmeda 114, A5
La Palma 119, D15
La Pared 114, A8
La Pelejaneta 112, B3
La Pinilla 118, B15
La Platja Lissa 119, E13
La Pobla de Benifassà 112, C1
La Pobla de Vallbona 115, D6
La Pobla del Duc 116, C9
La Pobla Tornesa 112, C4
La Pobleta 112, B1
La Portera 114, A7
La Puebla 119, D15
La Puebla de Mula 118, A13
La Romaneta 116, A12
La Sénia 113, D1
La Serra d'en Galceran 112, C3
La Serratella 112, C3
La Todolella 112, B1
La Torre 114, B5
La Torre 118, A13
La Torre de Cullera 115, E8

122 REISEPRAKTISCHES VON A–Z

La Torre de les Maçanes 116, C11
La Torre d'en Besora 112, B3
La Torre d'en Doménec 112, C3
La Unión 119, D15
La Vall d'Alcalá 117, D10
La Vall d'Ebo 117, D10
La Vall d'Uixó 115, E5
La Veleta 119, E14
La Vilavella 115, E5
La Xara 117, E10
La Xivana 115, D8
La Yesa 114, B5
La Zafra 118, A10
La Zarza 118, B14
La Zenia 119, E14
Ladrunan 112, A1
L'Alcora 112, B4
L'Alcúdia 115, D8
L'Aldea 113, E1
L'Alfàs del Pi 117, D11
L'Alguenya 116, A12
L'Aloudia de Crespins 116, B9
L'Altet 116, C12
Las Canalosa 116, A12
Las Cánovas 118, B15
Las Cuevas de Canart 112, A1
Las Fuentes 113, D3
Las Lomas 118, C15
Las Nogueras 114, A6
Las Olmedillas 114, A5
Las Palas 118, C15
Las Parras de Castellote 112, B1
Las Rinconadas 114, A5
Las Torres de Cotillas 118, B13
Las Virtudes 116, A11
L'Atzúvia 117, D10
L'Avellà 112, C2
L'Eliana 115, D6
Les Arenetes 117, F10
Les Cases d'Alcanar 113, E2
Les Cases del Senyor 116, A12
Les Coves 116, A12
Les Coves de Vinrom 112, C3
Les Dunes de Guardamar 119, E13
Les Encebres 116, A12
Les Marines 117, E10
Les Palmeres 115, E8
Les Rotes 117, E10
Les Salades 116, B12
Les Useres 112, B3
Les Villes de Benicàssim 112, C4
Librilla 118, B14
Llagostera 118, C15
Llano del Beal 119, D15
Llaurí 115, D8
Llíria 114, C6
Llocnou de Sant Jeroni 117, D9
Llocnou d'en Fenollet 116, C9
Llosa de Ranes 116, C9
Llucena 112, A3
Llutxent 116, C9
Lo Ferro 119, D15
L'Olla 117, E11
L'Olleria 116, C9
Lomas Altas 119, E14
Loriguilla 114, C7
Lorqui 118, B13
L'Orxa 117, D10
Los Alagones 112, A1
Los Alcázares 119, D15
Los Balcones 119, E14
Los Belones 119, E15

Los Calderones 118, A14
Los Cantareros 118, B15
Los Herreros 114, B7
Los Martínez 118, C14
Los Montesinos 119, E14
Los Muñoces 118, B15
Los Nietos 119, D15
Los Paros 118, C13
Los Pedrones 114, A7
Los Rodeos 118, B13
Los Ruices 118, C15
Los Sardineros 114, A7
Los Urrutias 119, D15
Los Vallentes de Molina 118, C13
Los Vicentes 119, D13
Losa del Obispo 114, B6
Losilla de Aras 114, A5
Luco de Bordón 112, A1
Ludiente 112, A4

Maigmó 116, B11
Malagraner 112, C1
Manuel 116, C9
Manya 116, A12
Marfagones 118, C15
Marines 115, D6
Marisán 114, C7
Mas de Barberans 113, D1
Mas de Flors 112, B4
Mas de la Montalvana 112, B2
Mas de Llorenç 112, A3
Mas de Llosa 112, A4
Mas del Carril 114, C6
Mas dels Rosildos 112, B3
Mas denverge 113, E1
Masada del Sordo 114, C5
Masla de los Pérez 114, C5
Massamagrell 115, D6
Matet 112, A4
Matet 115, D5
Matola 116, B12
Matola 119, E13
Mazarrón 118, C15
Meliana 115, D6
Mijares 114, B7
Millares 114, C8
Miñarros 118, A16
Mirambel 112, A2
Miranda 118, C15
Moixent 116, B10
Molina 118, C13
Monforte del Cid 116, B12
Monóvar (Monover) 116, A12
Monrabana 114, C6
Monroyo 112, B1
Mont Cristina 112, B4
Mont Horquera 114, C6
Montcada 115, D6
Monteagudo 118, C14
Mont-i-sol 116, B10
Montnegre 116, C11
Montortal 115, D8
Montroi 114, C7
Montserrat 114, C7
Moraira 117, F10
Morata 118, A15
Morella 112, B1
Mosqueruela 112, A3
Mula 118, A13
Murcia 118, C14
Muro d'Alcoi 116, C10
Museros 115, D6
Mutxamel 116, C12

Náquera 115, D6
Navajas 115, D5
Navalón de Arriba 116, A9
Navarrés 114, C8
Navarrés 116, B9
Novaliches 115, D5
Novelda 116, B12
Nules 115, E5

Obispo Hernandez 114, B5
Oliva 117, D9
Olocau 115, D6
Olocau del Rey 112, A1
Onda 112, B4
Ondara 117, E10
Onil 116, B11
Ontinyent 116, B10
Orba 117, E10
Orihuela 119, D13
Oropesa del Mar (Orpesa del Mar) 112, C4
Orxeta 117, D11
Oset 114, C5
Otos 116, C10
Ouesa 114, C8

Palanques 112, B1
Pantano 112, A1
Parcent 117, E10
Pastrana 118, A16
Paterna 115, D7
Pavías 112, A4
Pedralba 114, C6
Pedreguer 117, E10
Pego 117, D10
Peñalba 115, D5
Penarroya de Tastavins 112, C1
Peñíscola 113, D2
Penya Rossa 116, A11
Peñón de Ifach 117, E11
Perín 118, C15
Petrer 116, B11
Picassent 115, D7
Pilar de la Horadada 119, D14
Piles 117, D9
Pinet 116, C9
Pla dels Pitxells 113, D3
Planes 116, C10
Platja d'Alboraia 115, E7
Platja de Alcanar 113, E2
Platja de Bellreguard 117, D9
Platja de Casa Blanca 115, E5
Platja de Daimús 117, D9
Platja de l' Albir 117, E11
Platja de la Pobla de Farnals 115, E6
Platja de Moncofa 115, E5
Platja de Nules 115, E5
Platja de Piles 117, D9
Platja de Puçol 115, E6
Platja de Sant Joan 116, C12
Platja de Xeraco 117, D9
Platja de Xilxes 115, E5
Platja d'Oliva 117, E9
Platja i Grau de Gandia 117, D9
Playa Honda 119, E15
Pliego 118, A14
Polop 117, D11
Portell de Morella 112, B2
Portman 119, D15
Portús 118, C16
Potries 117, D9
Poublanc 116, B12
Pozo Estrecho 119, D15

Kartenregister 123

Puçol 115, E6
Puerto de Mazarrón 118, B16
Puertomingalvo 112, A3
Purias 118, A16

Quatretondeta 117, D10

Rafalet 117, F10
Rafelguaraf 116, C9
Real de Montroi 114, C7
Redován 119, D13
Refugi 112, C4
Relleu 117, D11
Requena 114, A7
Retrés 115, E6
Ribera de Cabanes 112, C3
Ribesalbes 112, A4
Ricote 118, B13
Río Juanes 114, B7
Riola 115, D8
Riumar 113, F1
Roglá i Corbera 116, B9
Rojales 119, E13
Roldán 118, C15
Rossell 112, C1
Rugat 116, C10

S. Antonio 114, A7
S. Carles de la Ràpita 113, E1
S. Cayetano 119, D14
S. Felip de Neri 119, D13
S. Fulgencio 119, E13
S. Gerard 114, C6
S. Jaume d'Enveja 113, E1
S. Javier 119, D15
S. Jeronimo 118, C14
S. Joan d'Alacant 116, C12
S. Joan de Penyagolosa 112, A3
S. Jordi 113, D2
S. Jordi 117, D11
S. Juan 114, A7
S. Mateu 112, C2
S. Miguel de Salinas 119, D14
S. Miquel de la Pobla 112, A2
S. Pau 112, C3
S. Pedro del Pinatar 119, D14
S. Rafael 117, D11
S. Rafel 116, C10
S. Vicent 112, A4
S. Vicent 116, C12
Sacañet 114, C5
Sagra 117, E10
Sagunt (Sagunto) 115, E6
Salem 116, C10
Salinas 116, A11
Sanet i els Negrals 117, E10
Sangonera la Verde 118, C14
Santiago de la Ribera 119, D15
Santolea 112, A1
Santomera 118, C13
Sax 116, A11
Segart 115, D6
Segorbe 115, D5
Sella 117, D11
Sellent 116, B9
Serra 115, D6
Serrano 118, B13
Siete Aguas 114, B7
Silla 115, D7
Simat de la Valldigna 117, D9
Sinarcas 114, A6
Siscar 118, C13
Sollana 115, D8
Soneja 115, D5

Sorita 112, B1
Sot de Chera 114, B6
Sta. Ana 118, C15
Sta. Bàrbara 113, E1
Sta. Cruz 118, C14
Sta. Cruz de Moya 114, A5
Sta. Eulalia 116, A11
Sta. Magdalena de Pulpís 113, D2
Sta. Pola 119, E13
Sta. Pola de l'Est 119, F13
Sta. Rosalia 119, D15
Sucina 119, D14
Sueca 115, E8
Suera 112, A4

Tales 112, A4
Tales 115, E5
Tailante 118, C15
Tàrbena 117, D10
Tavernes de la Valldigna 115, E8
Teix 116, C11
Teresa 114, C5
Teresa de Cofrentes 114, A8
Terrateig 117, D9
Teulada 117, E10
Tírig 112, C2
Titaguas 114, A5
Toga 112, A4
Tollos 117, D10
Torás 114, C5
Torralba del Pinar 112, A4
Torre de Arcas 112, B1
Torre de la Horadada 119, E14
Torre de la Sal 112, C3
Torre del Moro 119, E14
Torre Pacheco 119, D15
Torre Tallada 116, A10
Torreblanca 112, C3
Torrechiva 112, A4
Torremendo 119, D14
Torrenostra 113, D3
Torrent 115, D7
Torres-Torres 115, D5
Torrevieja (Torrevella) 119, E14
Totana 118, A15
Tous 114, C8
Traiguera 113, D2
Tronchón 112, A1
Tuéjar 114, A5
Turís 114, C7

Ulldecona 113, D1
Umbría 112, A2
Umbrías 118, A16
Urbanova 116, C12
Urmi 113, D2
Utiel 114, A6

Valencia (València) 115, D7
Vall d'Alba 112, B3
Vall de Almonacid 115, D5
Vallada 116, B9
Valladolises 118, C15
Vallibona 112, C1
Vallivana 112, C2
Valverde 116, B12
Venta Quemada 114, B7
Veo 112, A4
Vilafamés 112, B4
Vilafranca 112, B3
Vilafranquesa 116, C12
Vilamarxant 114, C6
Vilanova 114, A6

Vilanova d'Alcolea 112, C3
Vila-real 112, B4
Villahermosa del Río 112, A3
Villajoyosa (La Vila Joiosa) 117, D11
Villalonga 117, D10
Villamalur 112, A4
Villamartín 119, E14
Villar de Olmos 114, A6
Villar de Tejas 114, A6
Villar del Arzobispo 114, B6
Villena 116, A11
Villores 112, B1
Vinallop 113, E1
Vinaròs 113, E2
Vistabella 119, D14
Vistabella del Maestrat 112, A3
Viver 114, C5

Xàtiva (Játiva) 116, C9
Xel Vergar 117, E10
Xeresa 117, D9
Xert 112, C2
Xilxes 115, E5
Xiva de Morella 112, B1
Xixona 116, C11
Xodos 112, B3

Yechar 118, A13

Zarra 114, A8
Zeneta 118, C14
Zucaina 112, A4

Abkürzungsverzeichnis für die Stadtpläne

Acceso	Acc.
Alameda	Amda.
Avenida, Avinguda	Av.
Calle, Carrer	C.
Carreró	Cró.
Carretera	Crt.
Cuesta	Cta.
Explanada	Expl.
Glorieta	Gta.
Paraje	Pj.
Partida	Pda.
Pasaje	Pje.
Paseo	Pso.
Pasillo	Pllo.
Plaza, Plaça, Placet	Pl.
Plazeta	Plta.
Plazuela	Pla.
Passeig	Psg.
Plano	Pln.
Port	Pt.
Prolongación	Prl.
Puerto	Pto.
Puerta, Porta	Pta.
Puertas, Portas	Ptas.
Ronda	Rda.
San, Sant, Santo	S.
Santa	Sta.
Santos	Sts.

124 REGISTER

Orts- und Sachregister

Wird ein Begriff mehrfach aufgeführt, verweist die **fett** gedruckte Zahl auf die Hauptnennung, eine *kursive* Zahl auf ein Foto.
Abkürzungen:
Hotel [H]
Restaurant [R]

Agora [Valencia] 35
Albacar [R, Valencia] 46
Albocàsser 88
Alcocéber [H, Alcossebre] 61
Alcossebre 61
Alhama [Altea] 18
Alicante [Alacant] 21, **65**, 90, 92, 109
Almudín [Valencia] 33
Altaya [H, Altea] 70
Altea **70**, *90*, 91
Anreise 104
Antigua Morellana [H, Valencia] 46
Apostelportal [Valencia] 34, *37*
Apotheken 106
Aqualandia [Benidorm] *28*, 29
Aquopolis [Torrevieja] 29
Archäologisches Museum [Denia] 74
Ares del Maestre 88
Ataranzanas del Grao [Valencia] 33
Aurrera El Bodegón [R, Benidorm] 70
Ausflug in den Naturpark L'Albufera [MERIAN-Tipp] 51
Ausflüge 86
Auskunft 104
Auto 104
Autofahren 109
Ayuntamiento [Alicante] 65

Bacalao 15
Bahnfahrt 90
Balcón del Mediterráneo [Benidorm] *69*, *69*
Ballonfahrt ab Bocairent [MERIAN-Tipp] 25
Bamboo de Colón [R, Valencia] 47
Baños árabes [Elche] 80
Baños árabes del Almirante [Valencia] 34
Barranc de la Valltorta 88
Barrio del Carmen [Valencia] *10/11*, 49, *49*
Basílica de la Virgen de los Desamparados [Valencia] 34
Basílica de Santa María [Elche] **80**, 81
Ben Fet [R, Valencia] 46
Benicarló 88, 89
Benicàssim [Benicasim] 57

Benidorm 5, 16, *64*, 65, **68**, 90, 91, *92*
Benissa 76
Bevölkerung 96
Bioparc Valencia [Valencia] 29
Bodegas Vegalfaro [El Derramador] 18
Bodegón [H, Peñíscola] 61
Bon Aire [R, El Palmar] 55
Brisas de Mal [R, Torrevieja] 84
Buchtipps 105
Burdeos in Love [R, Valencia] 47

Ca l'Ángeles [R, Polop] 72
Ca'Sento [R, Valencia] 46
Cabezo Lucero [Museo Arqueológico y Etnológico, Guardamar del Segura] 85
Café de las Horas [R, Valencia] 50, *50*
Calas am Cap de la Nau 26
Calle Marqués de Campo [Denia] *74*, *75*
Calpe [Calp] 76
Canfali [H, Benidorm] 70
Cap de la Nau *2*, 25, 26, *27*, 65, 76, 77
Cap de Sant Martí 77
Cap Sant Antoni 25, 77
Carrer del Cop [Denia] 74
Casa Cantó [R, Benissa] 76
Casa Jaime [R, Peñíscola] 61
Casa Vicent [R, Peñíscola] 61
Casas Rurales 13
Casc Antic [Jávea] 77
Cases de Sant Jaume [H, Benissa] 76
Castell [Morella] 62, *63*
Castellfort 88
Castelló de la Plana [Castellón de la Plana] 57
Castillo [Castell, Sagunt] 52
Castillo de Denia 74
Castillo de Peñíscola [MERIAN-TopTen] *56*, 59
Castillo de Santa Bárbara [Alicante] 65
Castillo El Mayor [Xàtiva] 53
Catedral [Valencia, MERIAN-TopTen] 34, *35*, *37*
Centro de Información »Planetari de Castelló« [Castelló de la Plana] 57
Certamen International de Habaneras y Polifonía [Torrevieja] **23**, 84

Chez Angel [R, Jávea] 78
Chorros de Polop [Fonts dels Xorrets] 72
Chust Godoy [R, Valencia] 47
Cinctorres 88
Ciutat de les Arts i les Ciències [CAC, Valencia, MERIAN-TopTen] 4, *30/31*, 34
Coll d'Ares 88
Concatedral de San Nicolàs de Bari [Alicante] 66
Convent de la Mercé [Elche] **80**, 81
Convent de Sant Francesc [Morella] 62
Convento de las Monjas de la Sangre [Alicante] 66
Costa Blanca 5, 25, 33, *64*, 90, 109
Costa del Azahar 25, **56**, 59
Coves de Sant Josep [Grutas de San José, MERIAN-TopTen] 51, *52*

Dama de Elche [Museu Arqueològic i d'Historia d'Elx, Elche] **80**, 82
Dama de Guardamar [Museo Arqueológico y Etnológico, Guardamar del Segura] 85
Datteln 15
Denia [Dénia] 65, **74**, *75*, 91
Desert de les Palmes [Desierto de las Palmas] 58
Desierto de las Palmas [R, Desert de les Palmes] 58
Diplomatische Vertretungen 105
DoYouBike [Valencia] 19

Einkaufen 20
El Arrabal [Calpe] 77
El Bodegón [R, Calpe] 77
El Cid [H, Las Playetas] 59
El Grau [Gandía] 83
El Micalet [Valencia] 34, 37
El Rodat [H, Jávea] 78
Elche [Elx] 79
Embalse de Guadalest 72
Ermita de La Sangre [Sagunt] 52
Ermita Sant Josep Calvari [Forcall] 89
Ermitorio de la Virgen de Ermitana [Peñíscola] 60
Església de l'Oreto [Jávea] 77
Església de Sant Bartomeu [Jávea] 77
Esglesia de Santa María [Morella] 62
Espartogras 21, 91
Essen 14
Essiggemüse 21
Estación del Norte [Valencia] 36
Events 22
Explanada de España [Alicante, MERIAN-TopTen] 66

Orts- und Sachregister 125

Fallas [Valencia] 5, *22*, 23, *94/95*
Familientipps 28
Feiertage 105
Feinkostgeschäfte 21
Feste 22
Fiesta San Pedro y San Pablo [Isla de Tabarca] 93
Fischeintopf 15
Fischsuppe 15
FKK 105
Flanieren am Meer [Valencia, MERIAN-Tipp] 36
Flugzeug 104
Fogueres de Sant Joan [Alicante] 23
Fonts dels Xorrets [Polop] 72
Forcall 88, **89**
Fuentes del Algar 71

Galería de Arte »Hoy y Mañana« [Altea] 70
Galetamar [H, Calpe] 77
Gandía 83
Gata de Gorgos 90, **91**
Geld 105
Gema [H, Teulada-Moraira] 79
Geografie 97
Geschichte 98
Gitarrenfabrik Joan Cashimira 91
Golf 25
Gran Hotel Bali [H, Benidorm] 69
Gran Hotel Delfin [H, Benidorm] 69
grüner reisen 16
Guadalest 71, *73*
Guardamar del Segura **84**, 92

Häkeldecken 21
Hogar del Pescador [R, Villajoyosa] 73
Horchata (Erdmandelmilch) 17, *19*
Hospes Amérigo [H, Alicante] *12*, 67
Hostería del Mar [H, Peñíscola] 61
Hotel Ad Hoc Monumental [H, Valencia, MERIAN-Tipp] 44
Huerta 5
Huerto de la Virgen de las Nieves [H, Xàtiva] 53
Huerto del Cura [Elche, MERIAN-TopTen] 80, *82*
Huerto del Cura [H, Elche] 82

Iglesia de la Inmaculata Concepción [Torrevieja] 84
Iglesia de la Purísima Xiqueta [Benissa] 76
Iglesia de San Juan del Hospital [Valencia] 36
Iglesia de Santa Maria [Sagunt] 52

Igreja del Patriarca [Valencia] 41
Instituto Valenciano de Arte Moderno [IVAM, Valencia] 40, *43*
Internet 105
Isla de Tabarca 92
Islote de Cantera 93

J. Navarro Herbolario [Valencia] 18
Jachtsport 25
Jardí Botànic [Valencia] 37
Jardín Botánico Valencia [H, Valencia] 44
Jardín del Papagayo 29
Jardín de Túria [Valencia] 37
Jardines de Monforte [Valencia] 38
Jardines del Real [Valencia] 38
Jávea [Xàbia] 77

Kaiserpalme [Huerto del Cura, Elche] 80
Kapern 21
Kayuko [R, Gandía] 83
Keramik 21
Kitesurfen 26
Krankenhaus 106
Krankenversicherung 106
Kulinarisches Lexikon 102

L'Hemisfèric [Valencia] 35
L'Oceanogràfic [Valencia] 29, **35**
L'Umbracle [Valencia] 35
La Almadraba [R, Isla de Tabarca] 92
La Barqueta [R, Denia] 75
La Bona Taula [R, Teulada-Moraira] 79
La Cava Aragonesa [R, Benidorm] 70
La Claudia [R, Altea] 71
La Cueva [R, Elche] 82
La Estación [R, Torrevieja] 84
La Noria del Cabriel [H, Requena] 17
La Pepica [R, Valencia] *54*, 55
La Ràbita Califal [Museo Arqueológico y Etnológico, Guardamar del Segura] 85
Laguna Salada de la Mata [MERIAN-TopTen] 85
Laguna Salada de Torrevieja [MERIAN-TopTen] 85
Les Dunes de Guardamar 27
Licor Carmelitano [Benicàssim, MERIAN-Tipp] 59
Lonja [Torrevieja] 84
Lonja de la Seda [Valencia] *32*, 38, 43
Loreto [H, Denia] 75
Los Ángeles [H, Denia] 74

Madrid [H, Torrevieja] 84
Maestrat 57, *86/87*, **88**
Mandeln 15

Markthalle [Elche] 82
Markthallen 21
Mediterránea Plaza [H, Alicante] 67
Medizinische Versorgung 106
Mercado Central [Castelló de la Plana] 57
Mercado Central [Valencia, MERIAN-TopTen] 5, *20*, **38**, 43, 55
Mercado Municipal [Denia] 74
Mesón Casa Felipe [R, Sagunt] 53
Mesón de la Vila [R, Forcall] **88**, 89
Mesón del Barrio [R, Alicante] 68
Mesón del Pastor [R, Morella] 62
Metroplan Valencia 45
Mietwagen 109
Misteri d'Elx [Elche] **23**, 80, 81
Mit dem Rad in und um Valencia 19
Món Orxata [R, Valencia] 17
Monasterio de San Miguel de los Reyes [Valencia] 39
Monasterio Desierto de las Palmas 58
Morella 21, 57, **62**, 89
Moros y Cristianos [Villajoyosa] 23
Museo Arqueológico y Etnológico [Guardamar del Segura] 84
Museo Catedralico Diocesano [Valencia] 34
Museo de Arte Contemporáneo de Alicante – MACA [Alicante] 66
Museo de Bellas Artes [Valencia] 40
Museo del Arroz [Valencia] 41
Museo del Chocolate [Villajoyosa] 73
Museo del Mar y del Sal [Torrevieja] 84
Museo del Patriarca [Valencia] 41
Museo Etnológico [Denia] 74
Museo Fallero [Valencia] 42
Museo Histórico de Sagunto [Sagunt] 52
Museo Nacional de Cerámica y de las Artes Suntuarias »Gonzalez Martí« [Valencia] 42
Museo Valenciano de la Ilustración y la Modernidad [MUVIM, Valencia] 42
Museu Archeològic i Ethnogràfic Municipal »Soler Blasco« [Jávea] 77
Museu Arqueològic i d'Historia d'Elx [Elche] 80

126 REGISTER

Museu de Belles Arts [Castelló de la Plana] 58
Museu de la Mar [Peñíscola] 60
Museu de la Valltorta [Tírig] 88, 89
Museu de la Vila [Villajoyosa] 73
Museu de les Ciències Príncipe Felipe [Valencia] 35
Museu de Prehistòria de Valéncia [La Beneficencia, Valencia] 42
Museu Municipal de la Festa [Elche] 81

Nebenkosten 107
Notruf 106
Nou Manolín [R, Alicante] 67
Nou Salat [R, Guadalest] 72
Nuestra Señora de la Virgen [Calpe] 77
Nuestra Señora del Consuelo [Altea] 70, *71*

O'Pote Gallego [R, Alicante] 68
Öffentliche Verkehrsmittel 109
Öffnungszeiten 106
Oliven 21
Oropesa del Mar [Orpesa] 58
Oustau de Altea [R, Altea] 71

Paella 5, 15, **54**
Palacio de Altamira [Elche] 81
Palacio del Marqués de Dos Águas [Valencia] 42
Palau de les Arts [Valencia] 35
Palau Ducal dels Borja [Gandía] 83
Palmeral d'Elx [Elche] 79
Parador de Jávea [H, Jávea] 78
Paradores 13
Parc Natural de la Mata 85
Parc Natural del Penyal d'Ifac [Calpe, MERIAN-TopTen] 77
Parc Natural Desert des les Palmes 58
Parque de Cabecera [Valencia] 29
Parque Municipal [Elche] 81
Peñíscola 57, **59**, 88, 89
Penyal d'Ifac [Peñon de Ifach, Calpe, MERIAN-TopTen] *24*, 76, **77**, 91
Petit Palace Bristol [H, Valencia] 44
Pfarrkirche [Forcall] 89
Playa Arena-Bol [Calpe] 76
Playa de Fosse [Calpe] 76
Playa de Levante [Benidorm] 27, 68
Playa de Poniente [Benidorm] 27, *64*, 68

Playa les Marines [Denia] 27
Playa Norte [Peñíscola] 59
Plaza de la Virgen [Valencia] 4, 5
Plaza Redonda [Valencia] *47*, 48
Plaza San Augustín [Vinaròs] 63
Politik 97
Polop 72
Portal d'Elx [Alicante] 66
Portal de la Judería [Portalet de la Sang, Sagunt] 52
Portal de Sant Miguel [Morella] 62
Post 106
Prat de Cabanes-Torreblanca 59
Puente de la Exposición [Valencia] *39*, 40

Radfahren 25
Rafael [R, Castelló de la Plana] 58
Rambla Nuñez Méndez [Alicante] 66
Rastro del Mestalla [Valencia, MERIAN-Tipp] 46
Rauchen 106
Refugio de Rapaces [Peñíscola] 60, *60*
Reis 15
Reisedokumente 107
Reiseknigge 107
Reisewetter 108
Reisezeit 107
Reiten 26
Religion 97
Restaurant Avenida [Gata de Gorgos] 90
Rey Don Jaime [H, Morella] 62
Rías Gallegas [R, Valencia] 46
Río Safari Elche 29
Río Serpis [Gandía] 83
Río Vinalopó [Elche] 79
Ríu Caldes 89

Sagunt [Sagunto] 51
Salz 21
San Pablo [Isla de Tabarca] 93, *93*
Sancho Panza [R, Alcossebre] 61
Sant Mateu 88
Santa Pola 92
Schatz von Jávea [Jávea] 78
Schifffahrt 92
Segeln 26
Seu-Xerea [R, Valencia] 47
Shoppingparadies Valencia [MERIAN-Tipp] 48
Sport 24
Sprache 97
Sprachführer 100
Stiertreiben Bous a la Mar [Denia, MERIAN-Tipp] 76, *78*
Strände 24, 25, **26**

Tapeo in Alicante [MERIAN-Tipp] *14*, 15
Tauchen 25, **26**
Taxis 110
Teatro Romano [Teatre Romà, Sagunt] 52
Telefon 108
Terra Mítica [Benidorm, MERIAN-TopTen] 29, **69**
Teulada-Moraira **79**, 91
The ginger loft [R, Valencia] 48
Tiere 108
Tírig 88
Toll de la Parra [Fuentes del Algar] 71
Tonwaren 21
Torre de la Calahorra [Elche] 81
Torre de San José [Isla de Tabarca] 93
Torre El Fadrí [Castelló de la Plana] 58
Torreón de la Peça [Calpe] 77
Torres de Quart [Valencia] 40
Torres de Serranos [Valencia] 40, *41*
Torrevieja 21, 25, 65, **83**, *85*, 92
Touren 86
Trenet Turístic [Peñíscola] 29
Trinken 14
Trinkgeld 107, 109

Übernachten 12

Valencia [València] 4, 21, 25, **32**, 65, *96*, 109
Valencia Tourist Card 109
Venecia [H, Valencia] 44
Venus Albir [H, Albir] 17
Verkehrsmittel 109
Verwaltung 97
Villajoyosa [La Vila Joiosa] 72
Vinaròs 57, **62**, 89
Voramar [H, Benicàssim] 57
Voramar [R, Vinaròs] 63
Vorwahlen 108

Wandern 25, **26**
Wassergericht [Valencia] 34
Wein 15, 21
Wein aus Monóvar [MERIAN-Tipp] 68
Wildspezialitäten 15
Windsurfen 26
Wirtschaft 97

Xàtiva [Játiva] 53

Zeitungen 110
Zitrusfrüchte 15
Zoll 110
Zug 104

Wenn uns eine Stadt zu Frühaufstehern macht ...

... dann muss es live! sein

MERIAN
Die Lust am Reisen

IMPRESSUM

Liebe Leserinnen und Leser,
vielen Dank, dass Sie sich für einen Titel aus unserer Reihe MERIAN *live!* entsch[ieden] haben. Wir freuen uns, Ihre Meinung zu diesem Reiseführer zu erfahren. Bitte schreibe[n] uns an merian-live@travel-house-media.de, wenn Sie Berichtigungen und Ergänzu[ngen] haben – und natürlich auch, wenn Ihnen etwas ganz besonders gefällt.

Alle Angaben in diesem Reiseführer sind gewissenhaft geprüft. Preise, Öffnungszeiten u[.a.] können sich aber schnell ändern. Für eventuelle Fehler übernimmt der Verlag keine Haftun[g].

© 2011 TRAVEL HOUSE MEDIA
  GmbH, München
MERIAN ist eine eingetragene Marke der
GANSKE VERLAGSGRUPPE.

1. Auflage

Alle Rechte vorbehalten. Nachdruck, auch auszugsweise, sowie die Verbreitung durch Film, Funk, Fernsehen und Internet, durch fotomechanische Wiedergabe, Tonträger und Datenverarbeitungssysteme jeglicher Art nur mit schriftlicher Genehmigung des Verlages.

BEI INTERESSE AN DIGITALEN DATEN AUS DER MERIAN-KARTOGRAPHIE:
kartographie@travel-house-media.de

BEI INTERESSE AN ANZEIGENSCHALTUNG:
KV Kommunalverlag GmbH & Co KG
MediaCenterMünchen
Tel. 0 89/92 80 96 44
winzer@kommunal-verlag.de

TRAVEL HOUSE MEDIA
Postfach 86 03 66
81630 München
merian-live@travel-house-media.de
www.merian.de

PROGRAMMLEITUNG
Dr. Stefan Rieß
REDAKTION
Simone Lucke
LEKTORAT
Kerstin Seydel-Franz
BILDREDAKTION
Simone Lucke
SCHLUSSREDAKTION
Gisela Wunderskirchner
SATZ/TECHNISCHE PRODUKTION
h3a GmbH, München
REIHENGESTALTUNG
Independent Medien Design,
Elke Irnstetter, Mathias Frisch
KARTEN
Gecko-Publishing GmbH
für MERIAN-Kartographie
DRUCK UND BUCHBINDERISCHE VERARBEITUNG
Stürtz Mediendienstleistungen, Würzburg
GEDRUCKT AUF
Eurobulk von der Papier Union

Ein Unternehmen der
GANSKE VERLAGSGRUPPE

MIX
Papier aus verantwortungsvollen Quellen
FSC® C043954

BILDNACHWEIS
Titelbild (Ciutat de les Arts i les Ciènces, Valencia), Look-Foto: age footstock
Alamy: Arco Images 63, D Belenguer 8, 82, B. Coster 60, Endos 78, G. B. Evans 64, K. Foy 20, 39, 96, B. Hickey Photography 71, Rolf Hicker Photography 73, imagebroker 85, B. Moore 90, R. Naude 93, nobleIMAGES 49, T. West 27 • Arco Images: Camerabotanica 16 • F1online: AGE/J. LL. Banœs 24, AGE/Magán-Domingo 35, 75, Profimedia 56, Quick Image RF 22 • G. Knechtel 2 • Hotel Hospes Amerigo 012 • Laif: Hoa-Qui 43, G. Knechtel 4, 10/11, 32, Le Figaro Magazine 50, C. Zahn 86 • Look-Foto: K. Johaentges 14, 47 • Shutterstock: aquariagirl1970 9 oben, Patty Orly 19 • Superbild: W. Wulf 69 • T. Stankiewicz 30/31, 37, 41, 52, 54, 94 • Visum: N. Strasser 28